日本人はどこまでバカになるのか

「PISA型学力」低下

尾木直樹
Ogi Naoki

青灯社

日本人はどこまでバカになるのか
——「ＰＩＳＡ型学力」低下

装幀　木村　凛

目次

まえがき――これでは「ＰＩＳＡ型学力」が低下し、日本が溶解する

２００６年に実施されたＯＥＣＤの「生徒の学習到達度調査（ＰＩＳＡ調査）」では読解力、数学的リテラシー、科学的リテラシーともに03年の前回、00年の最初と比べると、確実に順位も得点力も落とした。暗記したり、入試に合格するための、いわゆる「受験学力」ではなく、実生活を未来の主権者として、豊かに生きるための力（市民の力）が確実に低下しているのだからたまらない。私は、これを「ＰＩＳＡ型学力」と呼んでいる。

ところで、わが国では２００８年３月に、新学習指導要領（２０１１年度実施）が告知。これに先立って、中央教育審議会（以下、中教審）の「審議のまとめ」や、１月に発表された「案」に目を通して驚かされた。

「これでは、「ＰＩＳＡ型学力」の低下はとまらない」

反射的に、そう直感した。さらに、

「これでは、日本人の洞察力が育たずバカになる。近い将来、日本が沈没しかねない」

という無気味ささえ覚えた。

「ひょっとすると、すでに日本では、われわれ大人の、問題の本質を把握する「脳力《のうりき》」の劣化が深刻になっているのではないか。その一つの証左が、教育再生会議の時代錯誤的な第3次報告（2007年12月）であり、今回のパッチワークのように何でもくっつけた戦後最悪の〝詰め込み型〟の学習指導要領ではないのか。また、社会に目を転じると、相次ぐ食品、エコ偽装事件などに見られる企業のモラル崩壊や、あまりにも杜撰《ずさん》で無責任な社会保険庁などの行政、イージス艦の漁船衝突の詳細を糊塗する防衛省の無責任体質などに表れているのではないのか」

残念ながら、そんなふうに思えた。

しかし、こと子どもに関する問題は、日本の未来にかかわる重大事だけに、看過することはできない。

では、関係者の努力と熱意にもかかわらず、出される報告がなぜこれほどまでに時代の本当の要求を欠落させるのか。また、どうして全体知としての科学性、総合性を欠いた稚拙なものになるのか。

まさに、ここが一番の問題点であろう。これに比べると、子どもたちの「学力」低下など大した問題ではないと感じさせられる。大人たちの学力の剥落が進んでいること、また、ＰＩＳＡ型の「活用力」（文科省）、全体知を働かせ物事の本質を洞察する「脳力《のうりき》」がメディアも含めて、今日の社会全体から消えそうになっていることこそが一大事なのではないのか。

そう判断せざるを得ないほど、今、日本社会全体のモラルと「脳力《のうりき》」の劣化は進んでいる。この間の学力低下論争の内容といい、43年ぶりの全国一斉学力テストの復活といい、ＰＩＳＡ調査についての分析力や教訓化する力量の弱さといい、教育領域も、ご多分にもれずあまりにも短絡的でお粗末すぎる。

くり返しになるが、これでは、子どもの学力問題というより、日本の未来の危機ではないのか。そんな焦りにも似た不安が、私を本書の執筆へと駆り立てたのである。『日本人はどこまでバカになるのか』とは、一見、過激すぎる書名かもしれないが、現在の私の偽らざる懸念である。

Ｉ章では、２０００年から3年ごとに行われているＯＥＣＤのＰＩＳＡ調査結果から、どんなことがわかり、何をどのように改善すべきかについて、２００６年の第３回の結果を分析しながら課題をまとめようと思う。

Ⅱ章では、43年ぶりに復活した、全国学力・学習状況調査（全国一斉学力テスト）について、実施に至った経緯や時代背景、問題点等について整理する。

Ⅲ章では、学力世界一といわれるフィンランドの教育改革とその実際について、なるべく日本の現状と対比させながら、さらには、私の視察体験を踏まえながら述べたい。

Ⅳ章では、学力問題の陥りやすい落とし穴について、六つに絞り込んで問題提起したい。

Ⅴ章では、対症療法的な学力向上策ではなく、子どもたちを一人の市民として尊重し、私たちがいかに向き合うのかを考えたい。また、「活用力」がいかに「生きる力」として効果を発揮できるのか、そのような、人生を切り拓き、社会参加を支える学力の形成に向けていかにアプローチすればよいのかについて、社会的なスタンスの取り方と、家庭でできる具体的なポイントについて提言したい。

さらに、日本の私たち大人と社会の進むべき確かな方向性、展望を考えたい。

２００８年２月

尾木直樹

Ⅰ　これでは日本人がバカになる？

——PISA調査（「生徒の学習到達度調査」）結果からわかる学力低下

はじめに

「学力は、あわてるほどには低下していない」というのが、この間の私の学力低下論争への基本的なスタンスであった。むしろ、学力低下、学力低下と叫んで国や自治体、学校が打つ対策は、ことごとく方向が違うものが多く、木を見て森を見ない類ではないのか。学力とは何かを論じさせないまま、「学力向上」対策を対症療法的に打ち出すことは、かえって学力低下を本物にしてしまうと心配してきた。

そして、その危惧は、杞憂どころか現実になりつつある。

さすがに、私もあわて始めた。もちろん、これまで騒がれてきた受験学力や知識の量を問う学力低下論とは、別次元においてではある。

ではなぜ、私の心配は現実化しつつあるのか、2006年のPISA調査結果を手がかりに、本章では以下4点にわたって考えたい。

①具体的に、どのような学力が、どう低下しているのか。

②基礎、基本と「活用力」を段階論的に、あるいは別カテゴリーで分離してとらえるのではなくて、両者を統一的にとらえるべきではないか。

③学習意欲と授業のあり方の相関関係の問題をどう考えればよいのか。

④今の日本のやり方では、学力は向上しないということ。

1　どんな学力がどこまで低下しているのか

「学力」誤解騒動？

「やはり〝ゆとり教育〟がいけないと思いますわ。うちの息子、高校生ですけど、ゆとり教育で育ったので、そりゃーもうひどい状態でした。教科書は薄いし、カラー版で、算数なんか電卓を使ってもいいんですよ、計算に—。それに、円周率は〝3〟になっちゃったんですから――」

――やはり、もっと詰め込む必要があるとお考えですか
こう尋ねるキャスターに、この母親は、

「当然ですよ。しっかり、難しいこともいっぱい教えてほしい。それに評価があいまい。〝できる・よくできる・努力しましょう〟じゃわからないです。はっきり成績（順位？）を出してほしいですね」

と、キッパリ。

これは2007年12月4日に発表になった、OECD（経済協力開発機構）のPISA調査（生徒の学習到達度調査）結果の発表を受けて放送された、ラジオ生番組の一コマである。

私もゲスト・コメンテーターとして生出演したのだが、驚かされた。何という誤解、俗論、偏見に満ちていることか。

しかし、一般の保護者が誤解するのは無理もない。なぜなら、この母親が指摘したような「事実」は、これまでメディアが何度もくり返し報じてきたからである。算数のすべての教科書は、円周率を「3・14」と表記しているにもかかわらず、いつの間にか、「3

で教えている」とまことしやかに伝えられたのだ。多くの教育領域以外の識者も、早合点や思い込み、メディア、とりわけテレビ報道に対する過信から同様の「虚偽」をふりまき続けたのである。それが、今になっても、このような事実に反する非科学的な言辞がもてあそばれる原因となっているようだ。親たちも、わが子の教科書の変化すらいかに正確につかんでいないかがよくわかる。親の多くは、メディア報道などを信じて、自分で確認し考えることもせずに、学力低下を教科書や文科省のせいにしているようだ。

このように学力低下問題の受けとめ方や論議の仕方そのものが、あまりにも事実に基づかないだけでなく理論的でもない。杜撰で、これでは大人の学力低下といってもよいのではないかと疑われるほどのレベルだ。

PISA調査におけるひどい日本

以下表1-1~3は、これまで2000年、2003年、2006年と3回にわたり実施されたPISA調査における日本のおもな結果をまとめたものである(「生きるための知識と技能　OECD生徒の学習到達度調査(PISA)」国立教育政策研究所編、2007年12月、ぎょうせい　より)。

表 1–1　科学的リテラシー

	レベル1未満	レベル1	レベル2	レベル3	レベル4	レベル5	レベル6
2006年調査	3.2%	8.9%	18.5%	27.5%	27.0%	12.4%	2.6%
OECD平均	5.2%	14.1%	24.0%	27.4%	20.3%	7.7%	1.3%

	2006年調査	2003年調査	2000年調査
日本の得点	531点	548点	550点
OECD平均	500点	500点	500点
全参加国中の順位	6位	2位	2位
OECD加盟国中の順位	3位	2位	2位
OECD加盟国中の順位の範囲（注）	2～5位	1～3位	1～2位

（注）平均得点には誤差が含まれるため，統計的に考えられる上位及び下位の順位をOECD加盟国の中で示したもの。

表 1–2　読解力

	レベル1未満	レベル1	レベル2	レベル3	レベル4	レベル5
2006年調査	6.7%	11.7%	22.0%	28.7%	21.5%	9.4%
OECD平均	7.4%	12.7%	22.7%	27.8%	20.7%	8.6%
2003年調査	7.4%	11.6%	20.9%	27.2%	23.2%	9.7%
OECD平均	6.7%	12.4%	22.8%	28.7%	21.3%	8.3%
2000年調査	2.7%	7.3%	18.0%	33.3%	28.8%	9.9%
OECD平均	6.0%	11.9%	21.7%	28.7%	22.3%	9.5%

	2006年調査	2003年調査	2000年調査
日本の得点	498点	498点	522点
OECD平均	492点	494点	500点
全参加国中の順位	15位	14位	8位
OECD加盟国中の順位	12位	12位	8位
OECD加盟国中の順位の範囲（注）	9～16位	10～18位	3～10位

（注）平均得点には誤差が含まれるため，統計的に考えられる上位及び下位の順位をOECD加盟国の中で示したもの。

表1-3　数学的リテラシー

	レベル1未満	レベル1	レベル2	レベル3	レベル4	レベル5	レベル6
2006年調査	3.9%	9.1%	18.9%	26.1%	23.7%	13.5%	4.8%
OECD平均	7.7%	13.6%	21.9%	24.3%	19.1%	10.0%	3.3%
2003年調査	4.7%	8.6%	16.3%	22.4%	23.6%	16.1%	8.2%
OECD平均	8.2%	13.2%	21.1%	23.7%	19.1%	10.6%	4.0%

	2006年調査	2003年調査	2000年調査
日本の得点	523点	534点	557点
OECD平均	498点	500点	500点
全参加国中の順位	10位	6位	1位
OECD加盟国中の順位	6位	4位	1位
OECD加盟国中の順位の範囲(注)	4～9位	2～7位	1～3位

（注）平均得点には誤差が含まれるため，統計的に考えられる上位及び下位の順位をOECD加盟国の中で示したもの。

科学的リテラシーは表1－1の通り、2位→2位→6位と順位を落とし、得点も550点→548点→531点と下げている。

読解力については、表1－2からわかるように順位は8位→14位→15位。得点は、522点→498点→498点と前回と大差はないものの、低下傾向は否めない。

表1－3の数学的リテラシーについてはどうか。こちらは順位を見ても、1位→6位→10位と大きく落としている。レベル「6」のできる子は8・2%から半分近い4・8%に減少している。また得点についても、557点→534点→5

23点と2000年に比べると34点も大きく下がっており、参加国増（32→41→57か国・地域）による順位の低下などとのん気なことはいってはおれないだろう。

「PISA型学力」とは何か

そもそもOECD生徒の学習到達度調査（PISA調査）とは何か。メディアの情報にも片寄りがあるために、いまだに一般の市民には正確に伝わっていかない。そこで文科省の発表に基づいて整理しておきたい（以下の引用部分は前掲書より）。

PISA調査の概要

＊参加国が共同して国際的に開発した15歳児を対象とする学習到達度問題を実施。
＊2000年に最初の本調査を行い、以後3年ごとのサイクルで実施。2006年調査は第3サイクルとして行われた調査。
＊読解力、数学的リテラシー、科学的リテラシーの3分野について調査。
＊各調査サイクルでは調査時間の3分の2を費やす中心分野を重点的に調べ、他の二つの分野については概括的な状況を調べる。2000年調査では読解力、2003年調査で

は数学的リテラシー、2006年調査では科学的リテラシーが中心分野。

＊2006年調査には、57か国・地域（OECD加盟30か国、非加盟27か国・地域）から約40万人の15歳児が参加。なお、2000年調査には32か国（OECD加盟28か国、非加盟4か国）が、2003年調査には41か国・地域（OECD加盟30か国、非加盟11か国・地域）が参加。

〔調査の内容〕（太字は尾木）

・2006年調査は、3分野のうち**科学的リテラシーが中心分野**。

・PISA調査では、義務教育修了段階の**15歳**児が持っている知識や技能を、実生活の様々な場面で**直面する課題にどの程度活用できるかどうかを評価（特定の学校カリキュラムがどれだけ習得されているかをみるものではない）**。

・PISA調査では、**思考プロセスの習得、概念の理解、**及び**様々な状況でそれらを生かす力**を重視。

〔調査対象〕

・15歳児に関する国際定義に従って、わが国では、調査対象母集団を「高等学校本科の全日制学科、定時制学科、中等教育学校後期課程、高等専門学校」の1年生、約120万人と定義し、層化二段階抽出法によって、調査を実施する学校（学科）を決定し、各学校（学科）から無作為に調査対象生徒を選定した。**調査には、全国の185学科、約6000人の生徒が参加**。

〔調査の方法〕

・ペーパーテストを用い、生徒はそれぞれ2時間の調査問題に取り組んだ。

・調査問題は多肢選択式の問題及び自らの解答を記述する問題から構成され、実生活で遭遇するような状況に関する課題文・図表等をもとに解答を求めた。

・2006年調査では13種類のブックレット（調査問題冊子）を使用。問題をいくつかのまとまりに分け、それらの組み合わせ方によって構成の異なるブックレットを使用することで、全体で6・5時間分に相当するデータを収集。

・**調査問題のほか、生徒自身に関する情報を収集するための生徒質問紙**及び**学校に関する情報**を収集するための**学校質問紙を実施**。

・PISA調査では、**OECD加盟国の生徒の平均得点が500点**、約3分の2の生徒が400点から600点の間に入るように換算（OECD加盟国の平均が500点、標準偏差が100点）。ただし、平均得点については、2000年調査以降OECD加盟国としてトルコとスロバキアが参加したこともあり、必ずしも５００点になっていない場合もある。

太字部分からわかるように、本調査のポイントは、これまで日本で騒がれてきた「高校生の」「学力」なるものの習得状況を測るものではないのだ。「義務教育修了」段階における、つまり中卒段階での、「学んだ知識や技能」の量やその定着ぶりを、これまで私たちが受けてきたテストで計測されるような「できる速度」や「正解量」として〝点数〟に置きかえて測れる学力ではないということである。たとえば、秒を競う類の「百マス計算」力や暗記力勝負の漢検や数検の力ではまったくないのである。

これがＰＩＳＡの実物問題だ！

例えば科学的リテラシー、読解力、数学的リテラシーの実際の問題を見て挑戦してほしい。いかに、私たちの受けてきた学力テストと異なっていることか。これらが、まさにＯＥＣＤが問おうとしている21世紀の「ＰＩＳＡ型学力」といえるのだ。どれをとっても〝実生活上〟の活用的問題意識であり、計算力、知識であることがわかる。以下例題である。

ＰＩＳＡ問題　①科学的リテラシーの問題例

グランドキャニオンに関する問題

グランドキャニオン

グランドキャニオンはアメリカ合衆国の砂漠の中に位置しています。非常に大きく、深い渓谷《けいこく》で、いくつもの地層が重なっています。過去何回も地殻変動によりこれらの地層が隆起《りゅうき》したのです。現在のグランドキャニオンの深さは１・６㎞におよぶところもあります。谷底にはコロラド川が流れています。

南の縁から撮った下のグランドキャニオンの写真を見てください。渓谷の壁にはいくつかの異なった地層が見られます。

石灰岩A
頁《けつ》岩A
石灰岩B
頁《けつ》岩B
片岩と花こう岩

グランドキャニオンに関する問1

グランドキャニオン国立公園には毎年およそ500万人が訪れます。非常に多くの訪問者があるため、この公園が受けるダメージが心配されています。

次の課題は科学的な調査によって答えが出ますか。それぞれについて「はい」または「いいえ」に○をつけてください。

次の課題は科学的な調査によって答えが出ますか？	はい　または　いいえ
歩行用通路が利用されることで、どれくらい浸食されるか	はい　／　いいえ
この公園の地域が100年前と同じ美しさであるか	はい　／　いいえ

この問題に対しては以下のように分析している。

問1の出題の意図は次のとおりである。

出題形式：複合的選択肢形式　適用領域：環境

能力：科学的な疑問を認識すること　状況：社会的

科学についての知識：科学的探究

問1の採点基準は、はい、いいえの順で回答したものが正答であり、その他の答えは誤答である。

この問題は、二つの与えられた課題が科学的に調査可能な問題かを問うものである。

正答するには、歩行用通路の利用と浸食との関連については科学的に調査ができるが、人によって感覚の異なる美しさの度合いを100年前と現在とで比較することについては科学的な調査ができないことの両方が判断できなければならない。

この問題は習熟度レベル3（難易度485点）に属し、正答率のOECD平均は61％であり、日本は54％であり、15か国のうち最も低い。表中（略）で高い国はイギリスで76％、アイルランドが74％、オーストラリアが73％である。

男女別の正答率は、OECD平均では女子が63％、男子が60％である。日本の女子は57％、男子は51％であり、女子の方が6ポイント高い。表中で男女差が大きい国は韓国で11ポイント女子の方が高い。

ここからは問4まで問題文のみ収録する。

グランドキャニオンに関する問2

グランドキャニオンでは、最低の気温が0℃以下、最高の気温は40℃以上となります。そこは砂漠地帯ですが、岩石の割れ目に水がたまっていることがあります。この気温の変化と岩石の割れ目にたまった水は、岩石が崩れるのを早めることになります。それは、どのようにして起こるのか、次の中からあてはまるものに一つ○をつけてください。

Ａ　凍った水が、暖かい岩石を溶かしてしまう。
Ｂ　水が、岩石同士をくっつけてしまう。
Ｃ　氷が、岩石の表面をつるつるにする。
Ｄ　凍った水が、岩石の割れ目を拡げる。

グランドキャニオンに関する問3

グランドキャニオンの石灰岩Ａの層には、貝や魚、サンゴなどの海洋動物の化石が多く含まれています。これらの化石がその地層で発見されることになったのは、何百万年も前に何が起きていたからですか。次の中からあてはまるものに一つ○をつけてください。

Ａ　昔、人が海からこの場所に魚介類を持って来た。

B　海は今より非常に荒く、大波によって海洋生物が内陸にまで打ち寄せられた。
C　当時、この場所は海面下にあり、その後、海が後退していった。
D　海に移動する前は、いくつかの海の動物はかつて陸に生息していた。

グランドキャニオンに関する問4

次の項目について、あなたはどう思いますか。
それぞれの項目ごとに、あてはまる番号に一つ○をつけてください。

	全くそうだと思う	そうだと思う	そうは思わない	全くそう思わない
a）化石に関する体系的な調査研究は重要だ。	1	2	3	4
b）国立公園をダメージから救うために何をすべきか、科学的根拠にもとづくべきだ	1	2	3	4
c）地層の科学的調査は重要だ。	1	2	3	4

PISA問題　②読解力の問題例

落書きに関する問題

落書き

学校の壁の落書きに頭に来ています。壁から落書きを消して塗り直すのは、今度が4度目だからです。創造力という点では見上げたものだけれど、社会に余分な損失を負担させないで、自分を表現する方法を探すべきです。

禁じられている場所に落書きするという、若い人たちの評価を落とすようなことを、なぜするのでしょう。プロの芸術家は、通りに絵をつるしたりなんかしないで、正式な場所に展示して、金銭的援助を求め、名声を獲得するのではないでしょうか。

わたしの考えでは、建物やフェンス、公園のベンチは、それ自体がすでに芸術作品です。落書きでそうした建築物を台なしにするというのは、ほんとに悲しいことです。それだけではなくて、落書きという手段は、オゾン層を破壊します。そうした「芸術作品」は、そのたびに消されてしまうのに、この犯罪的な芸術家たちはなぜ落書きをして困らせるのか、本当に私は理解できません。

ヘルガ

十人十色。人の好みなんてさまざまです。世の中はコミュニケーションと広告であふれています。企業のロゴ、お店の看板、通りに面した大きくて目ざわりなポスター。こういうのは許されるでしょうか。そう、大抵は許されます。では、落書きは許されますか。許せるという人もいれば、許せないという人もいます。

落書きのための代金はだれが払うのでしょう。だれが最後に広告の代金を払うのでしょう。その通り、消費者です。

看板を立てた人は、あなたに許可を求めましたか。求めていません。それでは、落書きをする人は許可を求めなければいけませんか。これは単に、コミュニケーションの問題ではないでしょうか。あなた自身の名前も、非行少年グループの名前も、通りで見かける大きな製作物も、一種のコミュニケーションではないかしら。

数年前に店で見かけた、しま模様やチェックの柄の洋服はどうでしょう。それにスキーウェアも。そうした洋服の模様や色は、花模様が描かれたコンクリートの壁をそっくりそのまま真似たものです。そうした模様や色は受け入れられ、高く評価されているのに、それと同じスタイルの落書きが不愉快とみなされているなんて、笑ってしまいます。

芸術多難の時代です。

ソフィア

前ページの2通の手紙は、落書きについての手紙で、インターネットから送られてきたものです。落書きとは、壁など所かまわずに書かれる違法な絵や文章です。この手紙を読んで、問1～4に答えてください。

落書きに関する問1

この二つの手紙のそれぞれに共通する目的は、次のうちどれですか。

A　落書きとは何かを説明する。

B　落書きについて意見を述べる。

C　落書きの人気を説明する。

D　落書きを取り除くのにどれほどお金がかかるかを人びとに語る。

これに対して以下のように解説している。
問1の出題の意図は以下のとおりである。
　プロセス：解釈
　タイプ：議論・説得
　状況・目的：公共
問1は、二つの手紙の内容を正確に理解し、二つの手紙の共通の目的を明らかにさせる問題である。この問題は、議論や説得を目的にした公的な文章を正確に解釈することをねらいとしている。正答はBである。
ここからは問4まで問題文のみ収録する。

落書きに関する問2
ソフィアが広告を引き合いに出している理由は何ですか。

…………………………………………………………

落書きに関する問3
あなたは、この2通の手紙のどちらに賛成しますか。片方あるいは両方の手紙の内容にふれながら、自分なりの言葉を使ってあなたの答えを説明してください。

落書きに関する問4

手紙に何が書かれているか、内容について考えてみましょう。手紙がどのような書き方で書かれているか、スタイルについて考えてみましょう。どちらの手紙に賛成するかは別として、あなたの意見では、どちらの手紙がよい手紙だと思いますか。片方あるいは両方の手紙の書き方にふれながら、あなたの答えを説明してください。

PISA問題　③数字的リテラシーの問題例（ただし2003年調査時のもの）

為替レートに関する問題（2003年調査問題）問題文のみ収録。

為替レート

シンガポール在住のメイリンさんは、交換留学生として3か月間、南アフリカに留学する準備を進めています。彼女は、いくらかのシンガポールドル（SGD）を南アフリカ・ランド（ZAR）に両替する必要があります。

為替レートに関する問1

メイリンさんが調べたところ、シンガポールドルと南アフリカ・ランドの為替レートは次のとおりでした。

1SGD＝4・2ZAR

メイリンさんは、この為替レートで、3000シンガポールドルを南アフリカ・ランドに両替しました。

メイリンさんは南アフリカ・ランドをいくら受け取りましたか。

答え：……………………

為替レートに関する問2

3か月後にシンガポールに戻る時点で、メイリンさんの手持ちのお金は3900ZARでした。彼女は、これをシンガポールドルに両替しましたが、為替レートは次のように変わっていました。

1SGD＝4・0ZAR

メイリンさんはシンガポールドルをいくら受け取りましたか。

答え：……………………

為替レートに関する問3

この3か月の間に、為替レートは、1SGDにつき4・2ZARから4・0ZARに変わりました。

現在、為替レートが4・2ZARではなく4・0ZARになったことは、メイリンさんが南アフリカ・ランドをシンガポールドルに両替するとき、彼女にとって好都合でしたか。答えの理由も記入してください。

この問題を解くのに必要な数学は、自明なものではない。すなわち、生徒は、為替レートの考え方とこの特別な場面での結果をよく考えなければならない。必要な手順的な知識には、乗法と除法が含まれ、それと量的な文脈によってこの問は「量」領域に位置づけられる。必要な数学化は、やや高度な水準なものである。すなわち、関連した数学を見出すことがやや複雑であるだけではなく、数学の世界の中の問題に「変形すること」は、生徒にとって重い要求となっている。この問題を解くのに必要な能力は、柔軟な推論と熟考を使うことである。従って、この問は、「熟考」能力クラスターに分類される。必要なすべての情報は、明らかに提示されている。この問についてまとめると、生徒は、自明ではない数学的な関係を解釈し、その関係を考え、柔軟な推論を使ってこの問題を解き、そして、ある種の基本的な計算技能かまたは量的な比較技能を適用する。生徒は、また、自分の結果の説明をする必要がある。慣れ親しんだ文脈、複雑な場面、決まりきった手順では解けない問題であり、推論や洞察が必要性であり、そして、コミュニケーションが要求されており、習熟度レベル4に当てはまる（国立教育政策研究所編、前掲書、2007、235～236頁）。

ところが、メディアの困った論調に見られるように、これまでの認知主義的な文脈での学力概念のまま、今回（２００６年）のＰＩＳＡ調査結果も単純に〝学力低下〟ととらえるのである。これは、「ＰＩＳＡ型学力」とは何か、その本質を知らないまま、その低下を論じていることになる。それればかりか、これまで日本国内で論じられてきた、計測可能な旧来の学力と「ＰＩＳＡ型学力」を混同したまま、学力向上策が論議されているのである。したがって、打開策も誤った方向へ導くという二つの意味で重大な間違いである。この辺の定義をはっきりできないメディアやコメンテーターの見識の低さはどうしたことか。

「ＰＩＳＡ型学力」とは、「実生活の様々な場面で直面する課題にどの程度活用できるかどうかを評価」するものなのである。「特定の学校カリキュラムがどれだけ習得されているかをみるものではない」（前掲書）とカッコつきで併記されている通りである。換言すれば、ここでいう「特定の学校カリキュラム」の習得状況を測定してきたのが、これまでの古い「日本型」あるいは「受験型」学力なのである。つまり、これまでは学んだ知識や技能をどこまで正確でスピーディに復元できるかをテストによって得点化して測定し続けてきたのであった。「応用力」とはいっても、このような認知主義的な学力をいかに抽象的なペーパー上の世界で操作できるのか、架空の論理や数式操作によって、より高次な世界をいかに操れるかを測るにすぎなかったのである。評価は別にして、「実生活上」での「課題」解決型の学力など、これまで日本ではあまり問題視されてこなかったのである。

科学的リテラシーの結果は？

今回（２００６年）の調査で「中心分野」とされた科学的リテラシーの結果についてみてみよう。

まず、科学的リテラシーとは何か。前掲書によると、個々人の次の能力に注目するものとしている。

①疑問を認識し、新しい知識を獲得し、科学的な事象を説明し、科学が関連する諸問題について証拠に基づいた結論を導き出すための科学的知識とその活用
②科学の特徴的な諸側面を人間の知識と探究の一形態として理解すること
③科学とテクノロジーが我々の物質的、知的、文化的環境をいかに形作っているかを認識すること

表 1–4　科学的リテラシー全体における習熟度レベル別の生徒の割合（数字はパーセント）

	レベル1未満	レベル1	レベル2	レベル3	レベル4	レベル5	レベル6
日本	3.2	8.9	18.5	27.5	27.0	12.4	2.6
オーストラリア	3.0	9.8	20.2	27.7	24.6	11.8	2.8
カナダ	2.2	7.8	19.1	28.8	27.7	12.0	2.4
フィンランド	0.5	3.6	13.6	29.1	32.2	17.0	3.9
フランス	6.6	14.5	22.8	27.2	20.9	7.2	0.8
ドイツ	4.1	11.3	21.4	27.9	23.6	10.0	1.8
アイルランド	3.5	12.0	24.0	29.7	21.4	8.3	1.1
イタリア	7.3	18.0	27.6	27.4	15.1	4.2	0.4
韓国	2.5	8.7	21.2	31.8	25.5	9.2	1.1
ニュージーランド	4.0	9.7	19.7	25.1	23.9	13.6	4.0
イギリス	4.8	11.9	21.8	25.9	21.8	10.9	2.9
アメリカ	7.6	16.8	24.2	24.0	18.3	7.5	1.5
オランダ	2.3	10.7	21.1	26.9	25.8	11.5	1.7
OECD平均	5.2	14.1	24.0	27.4	20.3	7.7	1.3
香港	1.7	7.0	16.9	28.7	29.7	13.9	2.1
台湾	1.9	9.7	18.6	27.3	27.9	12.9	1.7

④思慮深い一市民として、科学的な考えを持ち、科学が関連する諸問題に、自ら進んで関わること

科学的リテラシーに関しても、「一市民として」「諸問題に自ら進んで関わること」が強く求められているのである。ここでも、「実生活」上における「小さな市民」としての子どもたちのあり方、生き方が問われていることがわかる。その力を「科学的な疑問を認識すること」「現象を科学的に説明すること」「科学的証拠を用いること」の科学的能力の3領域について問うているのである。

「科学的リテラシー全体における習熟度レベル別の生徒の割合（数字は%）」は表1-4の通りである。

レベル6の生徒が最も多いのはニュージーランド（4・0%）とフィンランド（3・9%）である。次のレベル5の生徒が最も多いのは、フィンランドの17・0%である。

フィンランドは、500点を平均点としたときに、298点以下のレベル1未満の生徒の割合が0・5%と最も少ない。いわゆる落ちこぼれの生徒が極端に少ないことがわかる。それにもかかわらず、高得点（662点以上）のレベル5、レベル6の生徒の合計は

表1–5　科学的リテラシー平均得点の国際比較

	科学的リテラシー全体	得点	「科学的な疑問を認識すること」領域	得点	「現象を科学的に説明すること」領域	得点	「科学的証拠を用いること」領域	得点
①	フィンランド	563	フィンランド	555	フィンランド	566	フィンランド	567
②	香港	542	ニュージーランド	536	香港	549	日本	544
③	カナダ	534	オーストラリア	535	台湾	545	香港	542
④	台湾	532	オランダ	533	エストニア	541	カナダ	542
⑤	エストニア	531	カナダ	532	カナダ	531	韓国	538
⑥	日本	531	香港	528	チェコ	527	ニュージーランド	537
⑦	ニュージーランド	530	リヒテンシュタイン	522	日本	527	リヒテンシュタイン	535
⑧	オーストラリア	527	日本	522	スロベニア	523	台湾	532
⑨	オランダ	525	韓国	519	ニュージーランド	522	オーストラリア	531
⑩	リヒテンシュタイン	522	スロベニア	517	オランダ	522	エストニア	531
⑪	韓国	522	アイルランド	516	オーストラリア	520	オランダ	526
⑫	スロベニア	519	エストニア	516	マカオ	520	スイス	519
⑬	ドイツ	516	ベルギー	515	ドイツ	519	スロベニア	516
⑭	イギリス	515	スイス	515	ハンガリー	518	ベルギー	516
⑮	チェコ	513	イギリス	514	イギリス	517	ドイツ	515
⑯	スイス	512	ドイツ	510	オーストリア	516	イギリス	514
⑰	マカオ	511	台湾	509	リヒテンシュタイン	516	マカオ	512
⑱	オーストリア	511	オーストリア	505	韓国	512	フランス	511
⑲	ベルギー	510	チェコ	500	スウェーデン	510	アイルランド	506
⑳	アイルランド	508	フランス	499	スイス	508	オーストリア	505
㉑	ハンガリー	504	スウェーデン	499	ポーランド	506	チェコ	501
㉒	スウェーデン	503	アイスランド	494	アイルランド	505	ハンガリー	497
㉓	ポーランド	498	クロアチア	494	ベルギー	503	スウェーデン	496
㉔	デンマーク	496	デンマーク	493	デンマーク	501	ポーランド	494
㉕	フランス	495	アメリカ	492	スロバキア	501	ルクセンブルグ	492
㉖	クロアチア	493	マカオ	490	ノルウェー	495	アイスランド	491
㉗	アイスランド	491	ノルウェー	489	リトアニア	494	ラトビア	491
㉘	ラトビア	490	スペイン	489	クロアチア	492	クロアチア	490
㉙	アメリカ	489	ラトビア	489	スペイン	490	デンマーク	489
㉚	スロバキア	488	ポルトガル	486	アイスランド	488	アメリカ	489
㉛	スペイン	488	ポーランド	483	ラトビア	486	リトアニア	487
㉜	リトアニア	488	ルクセンブルグ	483	アメリカ	486	スペイン	485
㉝	ノルウェー	487	ハンガリー	483	ロシア	483	ロシア	481
㉞	ルクセンブルグ	486	リトアニア	476	ルクセンブルグ	483	スロバキア	478
㉟	ロシア	479	スロバキア	475	フランス	481	ノルウェー	473
㊱	イタリア	475	イタリア	474	イタリア	480	ポルトガル	472
㊲	ポルトガル	474	ギリシャ	469	ギリシャ	476	イタリア	467

（注）38位～57位は省略している

20・9%とトップである。ニュージーランドでも、17・6%にすぎないのに対してである。ちなみに日本は、レベル1未満の生徒は3・2%。これに対して、レベル5とレベル6の合計は15・0%。比較的好成績であることがわかる。

科学的リテラシー平均得点の国際比較表は表1‐5の通りである。日本はさんざん批判されながらも、まだまだ上位グループに位置していることがわかる。

読解力および数学的リテラシーの結果

さて、今回は「中心分野」ではなかったが、読解力及び数学的リテラシーについても概観しておこう。

まず、読解力の結果についてである。定義について、OECDは、

> 読解力とは、「自らの目標を達成し、自らの知識と可能性を発達させ、効果的に社会に参加するために、書かれたテキストを理解し、利用し、熟考する能力」である。

と述べている。ここから、日本で称されるところの「読解力」とは似て非なる内容であ

表1-6　読解力における習熟度レベル別の生徒の割合
（数字はパーセント）

	レベル1未満	レベル1	レベル2	レベル3	レベル4	レベル5
日本	6.7	11.7	22.0	28.7	21.5	9.4
オーストラリア	3.8	9.6	21.0	30.1	24.9	10.6
カナダ	3.4	7.6	18.0	29.4	27.2	14.5
フィンランド	0.8	4.0	15.5	31.2	31.8	16.7
フランス	8.5	13.3	21.3	27.9	21.8	7.3
ドイツ	8.3	11.8	20.3	27.3	22.5	9.9
アイルランド	3.2	9.0	20.9	30.2	25.1	11.7
イタリア	11.4	15.0	24.5	26.4	17.5	5.2
韓国	1.4	4.3	12.5	27.2	32.7	21.7
ニュージーランド	4.7	9.9	18.7	26.4	24.5	15.9
イギリス	6.8	12.2	22.7	28.7	20.5	9.0
アメリカ	m	m	m	m	m	m
オランダ	5.2	9.9	21.3	28.9	25.6	9.1
OECD平均	7.4	12.7	22.7	27.8	20.7	8.6
香港	1.3	5.9	16.5	31.5	32.0	12.8
台湾	3.8	11.5	24.4	34.0	21.6	4.7

（注）アメリカについては，調査実施後，評価問題の冊子の組み方に不備が明らかとなったため，読解力の結果の分析から除かれている。

ることがわかる。日本で読解力といった場合は、「それ」「これ」などの指示語を指摘できることや文脈や論理的展開力を問う接続語の問題、それに作者や登場人物の心理を問う問題など、かなり狭い意味で読解する力が問われるからである。この読解力の習熟別人数は表1－6の通りだ。

レベル1未満の学力低位層に関しては、やはりフィンランドは0・8％と極めて少ない。前回（2003年）の1・1％よりさらに減少している。日本も前回の7・2％から6・7％へと少し減って前進している。

フィンランドでは、下位者救済に力点が置かれているにもかかわらず、レベル5の高学力者も16・7％と多い。レベル4の31・8％を加えると約半数の48・5％にも達する。これに対して日本は、レベル5は9・4％、レベル4は21・5％で、合計では30・9％しかない。フィンランドより17・6ポイントも低いことになる。

韓国では、レベル1未満が1・4％と健闘しているのに加え、レベル5は最多の21・7％、レベル4も32・7％（合計54・4％）とフィンランドを抜いている。

最後に、数学的リテラシーはどうか。

表 1–7　数学的リテラシーにおける習熟度レベル別の生徒の割合（数字はパーセント）

	レベル1未満	レベル1	レベル2	レベル3	レベル4	レベル5	レベル6
日本	3.9	9.1	18.9	26.1	23.7	13.5	4.8
オーストラリア	3.3	9.7	20.5	26.9	23.2	12.1	4.3
カナダ	2.8	8.0	18.6	27.5	25.1	13.6	4.4
フィンランド	1.1	4.8	14.4	27.2	28.1	18.1	6.3
フランス	8.4	13.9	21.4	24.2	19.6	9.9	2.6
ドイツ	7.3	12.5	21.2	24.0	19.4	11.0	4.5
アイルランド	4.1	12.3	24.1	28.6	20.6	8.6	1.6
イタリア	13.5	19.3	25.5	22.1	13.3	5.0	1.3
韓国	2.3	6.5	15.2	23.5	25.5	18.0	9.1
ニュージーランド	4.0	10.0	19.5	25.5	22.1	13.2	5.7
イギリス	5.9	13.8	24.7	26.3	18.1	8.7	2.5
アメリカ	9.9	18.2	26.1	23.1	15.1	6.4	1.3
オランダ	2.4	9.1	18.9	24.3	24.1	15.8	5.4
OECD平均	7.7	13.6	21.9	24.3	19.1	10.0	3.3
香港	2.9	6.6	14.4	22.7	25.6	18.7	9.0
台湾	3.6	8.3	14.3	19.4	22.4	20.1	11.8

表1-8　読解力及び数学的リテラシーの平均得点の国際比較

	読解力	得点	数学的リテラシー	得点
①	韓国	556	台湾	549
②	フィンランド	547	フィンランド	548
③	香港	536	香港	547
④	カナダ	527	韓国	547
⑤	ニュージーランド	521	オランダ	531
⑥	アイルランド	517	スイス	530
⑦	オーストラリア	513	カナダ	527
⑧	リヒテンシュタイン	510	マカオ	525
⑨	ポーランド	508	リヒテンシュタイン	525
⑩	スウェーデン	507	日本	523
⑪	オランダ	507	ニュージーランド	522
⑫	ベルギー	501	ベルギー	520
⑬	エストニア	501	オーストラリア	520
⑭	スイス	499	エストニア	515
⑮	日本	498	デンマーク	513
⑯	台湾	496	チェコ	510
⑰	イギリス	495	アイスランド	506
⑱	ドイツ	495	オーストリア	505
⑲	デンマーク	494	スロベニア	504
⑳	スロベニア	494	ドイツ	504
㉑	マカオ	492	スウェーデン	502
㉒	オーストリア	490	アイルランド	501
㉓	フランス	488	フランス	496
㉔	アイスランド	484	イギリス	495
㉕	ノルウェー	484	ポーランド	495
㉖	チェコ	483	スロバキア	492
㉗	ハンガリー	482	ハンガリー	491
㉘	ラトビア	479	ルクセンブルグ	490
㉙	ルクセンブルグ	479	ノルウェー	490
㉚	クロアチア	477	リトアニア	486
㉛	ポルトガル	472	ラトビア	486
㉜	リトアニア	470	スペイン	480
㉝	イタリア	469	アゼルバイジャン	476
㉞	スロバキア	466	ロシア	476
㉟	スペイン	461	アメリカ	474
㊱	ギリシャ	460	クロアチア	467
㊲	トルコ	447	ポルトガル	466

（注）アメリカについては，調査実施後，評価問題の冊子の組み方に不備が明らかとなったため，読解力の結果の分析から除かれている。また，38位以下は省略している。

まず、定義について、ＯＥＣＤは次のように述べている。

数学的リテラシーとは、「数学が世界で果たす役割を見つけ、理解し、現在及び将来の個人の生活、職業生活、友人や家族や親族との社会生活、建設的で関心を持った思慮深い市民としての生活において確実な数学的根拠にもとづき判断を行い、数学に携わる能力」である。

数学的リテラシーにおける習熟度レベル別の生徒の割合は表1–7の通りである。日本のレベル1未満はＯＥＣＤ平均の7・7より低く、3・9％である。これに対してフィンランドはやはり最も低く、わずか1・1％にすぎない。レベル6の最高層では、日本の4・8％に対して、フィンランドは6・3％。韓国9・1％、香港9・0％、台湾11・8％などが突出している。

参考までに、読解力及び数学的リテラシーの平均得点の国際比較は表1–8の通りである。

2　ＰＩＳＡ調査結果報道にみる、学力に関する大きな誤解

識者の認識の浅さ

以上、①ＰＩＳＡ調査とは何か、「ＰＩＳＡ型学力」とは何なのか、②その中における日本の中卒直後の15歳の「活用力」の実態、そして③２０００年、２００３年、２００６年に至る推移上の特徴などについて、国立教育政策研究所の「報告書」を引用する形で正確に分析してきた。

ところが、文科省関係者をはじめ識者のコメント類には、事実認識が大きくズレているものが目立った。たとえば渡海紀三朗文科相は、読解力は横ばいだが、数学的活用力と科学的活用力は下がっていると分析し、「応用力や活用力の課題も改めて明確になった。今後、理数教育の充実に努めたい」と述べたという。

原因については「中央教育審議会で授業時間を増やそうというのは（授業時間が）足りなかったからであり、活用力を上げるには基礎基本の知識が必要だ」として、授業時数、学習内容を削減した現行の学習指導要領が学力低下に影響したことを事実上認めたとい

う。

科学への興味、関心が最低だった（本章「3」参照）ことには、実験や現場を見るなど実体験を増やすことが重要だとし、論理的な言語力を育てる必要があることを強調した（産経新聞2007年12月5日付）。

「活用力を上げるには、基礎基本の知識が必要だ」とか「授業時数増」とは、何という段階論的思考だろう。あまりにも短絡的ではないか。もし、本気でそう考えるのなら、それなりの科学的裏付けが必要である。にもかかわらず、こうした素人の床屋談義そのものが、大人の「ＰＩＳＡ型学力」の低下を物語っているのではないか。このような経験主義により一国の教育方針が決まるとしたら、それこそ、「日本人はどこまで劣化するのか」空恐しささえ感じる。

では、識者の見解はどうか。新聞記事の文面からだけでは充分意を表現し尽くせていないことを考慮しつつも、二人のコメントを取り上げて検討してみよう。

①「学力低下をもたらしたのは、授業時間と教える中身を劇的に減らした今の学習指導要領にある。文科省は、指導要領の改定で中学の数学時間を2割増やして週4時間にする

というが、少なくとも週5時間、毎日取り組む必要がある」（毎日新聞2007年12月5日付、戸瀬信之・慶応大教授）

コメントは、表面的には説得力がありそうだが、学校現場の実態とはかけ離れている。授業時間も教える中身も、2002年の学習指導要領実施の年から、額面通りには減っていないからだ。

夏休みを削ったり、遠足や学校行事を次々と減らしたりしてでも授業時数を確保しようと現場は苦闘してきた。中身についても、学校の教室を訪問すれば、一旦削除した内容を次々と復活させている授業や教科書に出合って驚くに違いない。

つまり、2002年から実施されているはずの「ゆとり教育」は、実際には、現場のどこにも見当たらないのである。つまり、学習指導要領と現場の実態とのねじれ現象が起きているのである。

また、後述するが、授業時数と学力との相関関係は実は証明されていない。昨今の「PISA型学力の低下問題」は、単に「授業時数増」や「教員の指導力向上」で何とかなる範囲をはるかに超えた、理念やシステム、子どもの社会参加の状況、それに国全体のビジョンにかかわる問題なのである。

②「これまで日本の学校はＰＩＳＡ型の学習指導をしてこなかったので、思うように点が延びないのは仕方がない。（中略）ＰＩＳＡ型の学力実現を目指し、次期学習指導要領などに基づいて勉強していけば、成績は十分取り戻せる」（日本経済新聞２００７年12月５日付、田村哲夫・渋谷教育学園理事長）

②は、「ＰＩＳＡ型学力」に注目している点はその通りといえる。しかし、そのために「対策」をして向上させるものではあるまい。

また、学力向上への道が「次期」学習指導要領に基づく勉強とはあまりに楽観的すぎないか。田村氏が中教審委員であるという立場を考えると理解できないわけではないが、とても次期学習指導要領で打開できるほど簡単なことではない。子ども参加社会への国家ビジョンや学力理念がなくては「ＰＩＳＡ型学力」を向上させることは、絶望的だからである。

実は、いま問われているのは、先の田村氏が言う通り、これまで日本で常識とされてきた伝統的な知識の量や技能中心の学力ではない。トレーニングによる計算力や暗記に頼る漢字力でもないのだ。「知識や技能を、実生活の様々な場面で直面する課題にどの程度活用できるか」というリテラシーである。また、それを支えるための回答に至る「思考プロセス」の習得、一つ一つの「概念の理解」を徹底してはかり、これらを「様々な状況で生かす力」を求めているのである。フィンランドの小学校では、「学び方の学習」に取り組んでいたが、これが「PISA型学力」の構造といえる。日本でいまだに信じ込まれている受験「学力」とは、重なり合う部分は、ほとんどないと言った方がわかりやすいのではないか。こうした実生活上の「活用力」こそ、21世紀の知識基盤社会の「キーコンピテンシー」となるものである。主体的、創造的にしかも平和共存のうちに生きる力であり、国際社会（OECD）が求める〝学力〟イメージなのである。

日本では、子どもバッシングの社会風潮が続いており、子どもたちを生きる主体、子ども市民として、私たち大人と今日を生きるパートナーとしてとらえる目線など皆無に等しい。だからPISA型の「活用力」を重視しようとしても、文科省（学習指導要領）自体が、このような子ども尊重の視点に立てなくて、結局は対症療法的なチマチマとした「活用力」しかイメージできていない。だから、今回（2008年3月）の学習指導要領をもってしても、大人の予想を超えて飛躍的に伸びていき、活用力も身につくカリキュラムを提示できないのである。形だけ真似しようとしているにすぎないのである。これも、大人の側の学力劣化というよりも改訂教育基本法（２００６年12月）や教育三法（２００７年6月）に示された、子ども観、教育観のあまりの古さと、新しい学校教育法に規定された学力観の歪みが手足を縛っているのかもしれない。日本の政治の貧困さが、教育や学力低下にまで大きく影響していると見た方がよいのではないか。

実は、コンピテンシー理論は、①「目的を持って主体的に生きる」、②「関係を作り協力して生きていく」、③「知識をその必要に応じて使いこなす」リテラシーという三重構造をなしている。だから、単純に「ＰＩＳＡ型学力」の向上対策としての時間増や対策学習で①や②の力がつく道理がないわけである。子ども参加と人権尊重を促進する視点を欠落させたままでは、「ＰＩＳＡ対策ごっこ」になりかねないのである。

目指すのは「応用力」ではなく、「活用力」――メディアの誤解

「応用力　日本続落」（朝日新聞２００７年12月5日付）。「理数系トップ級転落　日本、数学応用力10位」（読売新聞２００７年12月5日付）。

これらは、それぞれ発表翌日の朝刊の見出しである。

メディアだけでなく国の学習指導要領策定にかかわる中心的役割を果たしている学者で

さえ、某紙上で「応用力」と表現していたのには驚かされた。それほど応用力と活用力の違いがあいまいなようだ。しかし、両者には重なる部分はあるものの、「活用」と「応用」では、本質的に違うのだ。つまり、応用力とは、習得した基礎・基本となる知識や技能を、いかに「むずかしい」「発展的な問題」に適用できるかという力を指す。一般的には書店で販売されている学習参考書などでは「基礎問題集」に対して、「応用問題集」などと呼ばれるものである。一方、「活用力」は、〝実生活〟における活用の力量のことである。その目的は、子どもたちがあくまでも一人の小さな市民として地域生活に参加して、家庭・学校生活の主役になるということだ。抽象的学習世界における「応用の営み」とはまったく異なるのである。

「応用力」か、「活用力」か――ここを間違えると、目指すべき学力観をミスリードする。文科省も正しく「活用力」としか表記したことはない。にもかかわらず、メディアが自己流に解釈して、論点を大幅にズラしてしまうのは、「メディアの学力低下」と言えまいか。行政や識者、メディア関係者には、今一度言語に慎重になってほしいものである。

事実に基づかない「学力低下論」がもたらした弊害

それにしても、１９９０年代後半から本格的に始まった学力低下論争とその見直し策は、これまでの認知主義的な学力、つまり、テストの点数よりも、「関心・意欲・態度」の方を優先して評価するという〝新しい学力観〟そのものを姿形もないほど一気に吹き飛ばす結果となった。つまり〝新しい学力観〟は92年から02年3月に至る「短命学力観」に終わったのである。そればかりか、このような「新学力観」こそ、子どもたちの学力低下を招いたという、教育界の内情を知らない外野席から開始された学力低下論争は、結局のところ、学力格差の拡大・固定化を飛躍的に生み出す結果を招いたのである。そこには、いくつかの重大で基本的な誤解や錯覚が見られた。

第一には、学力に関する定義を避け続けたことによって生じた誤解である。その結果、実態を的確に把握せず、統計学的なデータばかりが猛威をふるうことになった。そのうえ、新自由主義に基づく成果主義が、数値至上主義や競争原理とシンクロナイズしながら、先述の通り教育格差を拡大・再生産するという悪循環を生んだ。こうして、教育臨床における重要で複雑な側面をほとんどすべてそぎ落とし、「調査・分析」された単純なデータのみがひとり歩きし始めたのであった。

21世紀を切り拓く力とは、どのような学力か。その力量を形成するためには、子どもたちは何を学び、どのようなカリキュラムが必要なのか。本来はこのように、これまでの計測可能な「学校知」としての学力に加えて、未来を見据えた熟慮すべき「新しい時代の学力」を論じる必要があったのである。しかし、そこが空白状態に陥ったまま論争だけ過激に進んだために、結局は脱文脈的な暗記力や記号操作的理解力、単純な知識や技能の習得といったこれまでの認知主義的な学力観が勢いを増して復活することになったのである。つまり、現場の地道なレベルの高い実践が、社会的にはほとんど無視され、単純なトレーニング主義的手法と目に見える計測可能な数値に足元をすくわれる結果に陥ったのである。こうして、漢字検定や英語検定、数学検定、地理・歴史検定など、社会現象としての「検定ブーム」さえ生んだ。つまり、覚えて「できる」ことが第一であり、考えて「わかる」ことは、ないがしろにされたのである。国民ぐるみ「脳力劣化《のうりき》」への道を大挙して行進しはじめたのである。

しかし、PISA調査のねらいは、日本で受けとめられているこのような古い「学校知」とはまるで異なっていた。社会・経済構造のグローバル化が急激に進展した現代の世界にあって、子どもたちがこうした変化にいかに対応できるのか、OECDは、そうした市民としての人材養成の重要性から、１９８７年以降、「ＩＮＥＳ」という教育システムの指標を開発する研究チームを立ち上げてきた。このＩＮＥＳが教育評価の新たな視点を打ち出している。それは、①学力とは認知主義的な知識や技能のみならず、教科横断的力量をいかに育成するのかが重要であり、②非認知的な学習意欲や自己理解、自信などが、生涯にわたって学習し続ける市民的力量の形成につなげる基本である、としている。

こうして到達した学力観は、これまでの「学校知」や「新しい学力観」とは異なるものであり、むしろ、それらを乗り越えたものである。

ＰＩＳＡ調査報告書の日本語版タイトルが『生きるための知識と技能（Knowledge and Skills for Life』（ぎょうせい）とあるように、学力とは「人生をつくり社会に参加する力」、つまり、単純な詰め込みの暗記型ではなくて、きわめて文脈的であり、包括的・参加型のダイナミックな〝リテラシー〟を学力として取り上げ、問題にしているのである。換言すれば、未来社会を築くシチズンシップの教育であり、子どもを市民としていかに育てるか、「地球市民」の養成こそがその目的なのだ。このことは、実際に問題文を見れば一目瞭然である。文部科学省や全国の自治体が、現在盛んに実施している「学力調査」の問題文とは、まるで別物だからだ。２００７年４月24日の「全国一斉学力テスト」において、ようやく文科省も「知識」のA問題に対して「活用」としたB問題をPISA対策として（？）提供するに至った。

〝リテラシー〟を新聞各紙は「応用力」と訳出しているが、先述の通りこれは適訳ではない。〝リテラシー〟とは、読み解き技能であり、市民として「生きる力」のこと、つまり、文科省流に言えば「活用力」を指しているのである。また、「読解力」という訳語もあるが、日本で一般的に考えられる読解力とは別物である。PISA調査では、「自らの目標を達成し、自らの知識と可能性を発達させ、効果的に社会に参加するために、書かれたテキストを理解し、利用し、熟考する能力」であると定義している。「科学的リテラシー」も「数学的リテラシー」も同様に、日本で考えられてきた意味とはまったく異なっている点を忘れてはならない。

3　ＰＩＳＡ調査からわかった、日本の学力観の古さ
——学習意欲の低さと授業のあり方が問われている

基礎力と「活用力」を分離してとらえる日本

前節では、日本の教育関係者・識者やメディアにおける、学力に関する誤解や読み違いが多くあり、このことが日本の将来の学力のあり方を間違った方向に導く危険性について考えた。なかでも、「基礎」「基礎・基本」「活用力」「応用力」といった、学力の中身、本質を決定する言葉を正しく把握し、使用することの重要性を考えた。

ところで、日本の学力論のこれまでの致命的な欠点は、基礎力と活用力を機械的に分離して段階論的にとらえている点である。

「基礎・基本は小学校で徹底してたたきこめ」「詰め込みとトレーニングが必要だ」などという見解が、今でも日本の学力観の主流を占めている。このような短絡的な考え方が根強いからこそ、たとえば「百マス計算」や「脳トレ」の流行に象徴されるように、脳科学が過信されるのではないか。残念なことに、専門家集団に近い中教審までもが授業時間を

1割増やして学力アップの「練習時間」を確保しようというのである。学力問題は、そのような表面的、時間的な問題ではなく、どうせなら学習の目的を明確にし、学習意欲と結びつけるような方法のほうがはるかにやる気を引き出し、学力向上にも効果的であることに気づこうとしていないのである。

基礎・基本の力と活用力とを分離したり、あるいは、対立的なものとしてとらえたりするのは、理論上も間違いである。

日本では、このようないわば「学力形成における段階論」とでもいうべき、「基礎・基本」の力と「発展的学力」（活用力）を上位と下位に棲み分けてとらえる傾向が強い。そのために、国際的にはすっかりすたれて用済みになってしまった習熟度別授業を、2002年から後生大事に全国で導入しているのである。いやそればかりか、教育再生会議などは、さらなる拡大を提言していたのだからあきれる。しかし、この習熟度別授業は、結果的には、低学力者の固定化と高学力者の頭打ち、伸び悩み現象を引き起こしている。これらのこともPISA調査の結果は示唆しているのである。

つまり、基礎・基本の習得プロセスそのものを通して、発展的に活用できる学力や力量が育たなければ、このグローバル化が進む世界では相手にされず、国際的な学力論の流れからもとり残されるだろう。今や世界は、これまでのようなパッチワーク式の知識や「百マス」計算力的な技能を求めてはいないのだ。パソコンや電卓のそれらの能力は、人間よりも優れているからだ。だから、どんなに初歩的な基礎・基本の学力であっても、それをいかに発展的な力に連動させる学力として〝日常生活〟の中でいかに〝活用〟できるかどうかが問われているのだ。活用力を生かし、豊かで連帯感あふれる教室や家庭生活を生かせるかどうかだ。

ではどうすべきなのか。基礎・基本のトレーニングが、そのまま発展的な力や活用力として鍛えられるようなメソッドとは何なのだろうか。フィンランドなどの先行事例（135頁以降参照：フィンランド・メソッド）を研究し、それをわが国も早く開発し、確立すべきだろう。

理科は嫌いで無関心？

「1」で詳しく見たように、PISA調査の結果、参加57か国・地域中、日本は「科学的リテラシー」は、前回の2位（41か国・地域中）から6位に低下。そればかりか、統計学的に調整している得点力も、2000年比では、550点から531点。つまり、順位も得点も下落した。これは一体なぜなのか。

理科の「ＰＩＳＡ型学力」低下のおもな原因は、明らかに学校の授業の展開の仕方と位置づけの仕方にある。なぜなら、理科に対する生徒の関心や意識があまりにも低いからである。

ＰＩＳＡ報告では、次のような惨たんたる具合である（図1-9参照）。
・「科学は自然を理解する上で重要」、日本は81%。参加国の平均は93%で、日本は最下位の57番目である。
・「自分に役立つので理科を勉強している」、日本は42%。平均は67%。25ポイントも低い。
・「問題を解くのは楽しい」、日本の29%に対して、参加国の平均は43%である。
・「理科の勉強はやりがいがある」、日本の41%に対して、平均は62%。20ポイント近くも少ない。
以下の科学への興味、関心のアンケート調査では、日本はそのほとんどの項目で最低レベルであった。
・「科学に関するテレビ番組を見る」は、日本の8%に対して、平均は21%である。

・「科学に関する新聞記事や科学雑誌を定期的にまたはよく読む」は日本8％。平均は20％となっている。

・「科学に関するウェブサイトを定期的にまたはよく訪れる」は、日本の5％に対して、平均は13％。これら三つは、いずれも参加国中最下位である。

・「30歳の時点で科学に関連した職にあることを希望する」は、日本の約8％に対して、国際平均は、3倍の約25％、4人に1人。日本は、57か国中、最下位である。とりわけ男子の科学への人気が低い。わずか4・3％だ。これは、国際平均23・5％の6分の1。飛びぬけた低さである。女子の11・5％（平均27・0％）と比べても〝異常〟といってもよい。科学関連の職業に本気で就こうとする男子がここまで魅力を感じていないことは衝撃的でさえある。「技術立国日本」の伝統と誇りは完全に打ち砕かれたと考えたほうがよい。

関心・意欲に関する指標自体は、全般的に先進国ほど低く、開発途上国ほど高いという傾向を示してはいるものの、その中でも日本は「ずば抜けて低い」（文科省）結果となっている。この傾向は２００３年の数学的活用力に関する関心・意欲調査でも同様であった。「将来就きたい仕事に役立ちそうだから、数学は頑張る価値がある」と答えた者は49％であり、ＯＥＣＤ平均値の75％より26ポイントも低かったのである。日本の子どもたちは、こうして、本物の「学力低下への道」をころげ落ちているのである。

詰め込みの理科では興味も関心も弱い

それはなぜか。そのヒントの一つが、学校の理科の授業方式や内容にあることは間違いない。なぜなら次のようになっているからだ。「科学の考え方が実生活に密接にかかわることを教える」は、日本の19％に対して上位国は50％以上と大きく差が開く。「学校外の世界を理解する手助けとして教えてくれる」は日本の12％に対して上位国は60％。学校や教師が理科という教科やその授業に、いかに正答ばかり求めすぎているかがわかる。

また、理科の授業の展開の仕方にも多くの課題があることが明らかになった。「先生は習った考え方が多くの異なる現象に応用できることを教えてくれる」は日本は26％に対して、OECDの平均は倍以上の59％。「先生が実演してくれる」は日本が17％、平均の半分である。「生徒が実験室で実験を行う」は、平均22％の半分の10％。「生徒に自分の考えを発表する機会が与えられる」は平均61％の約半分34％。「生徒は課題の話し合いをする」に至っては、わずか9％。平均42％の5分の1近い。最後など、いかに講義形式の一斉授業が中心であるかがわかる。

図 1-9　理科学習への意欲など日本とトップ3の比較（数字は％）

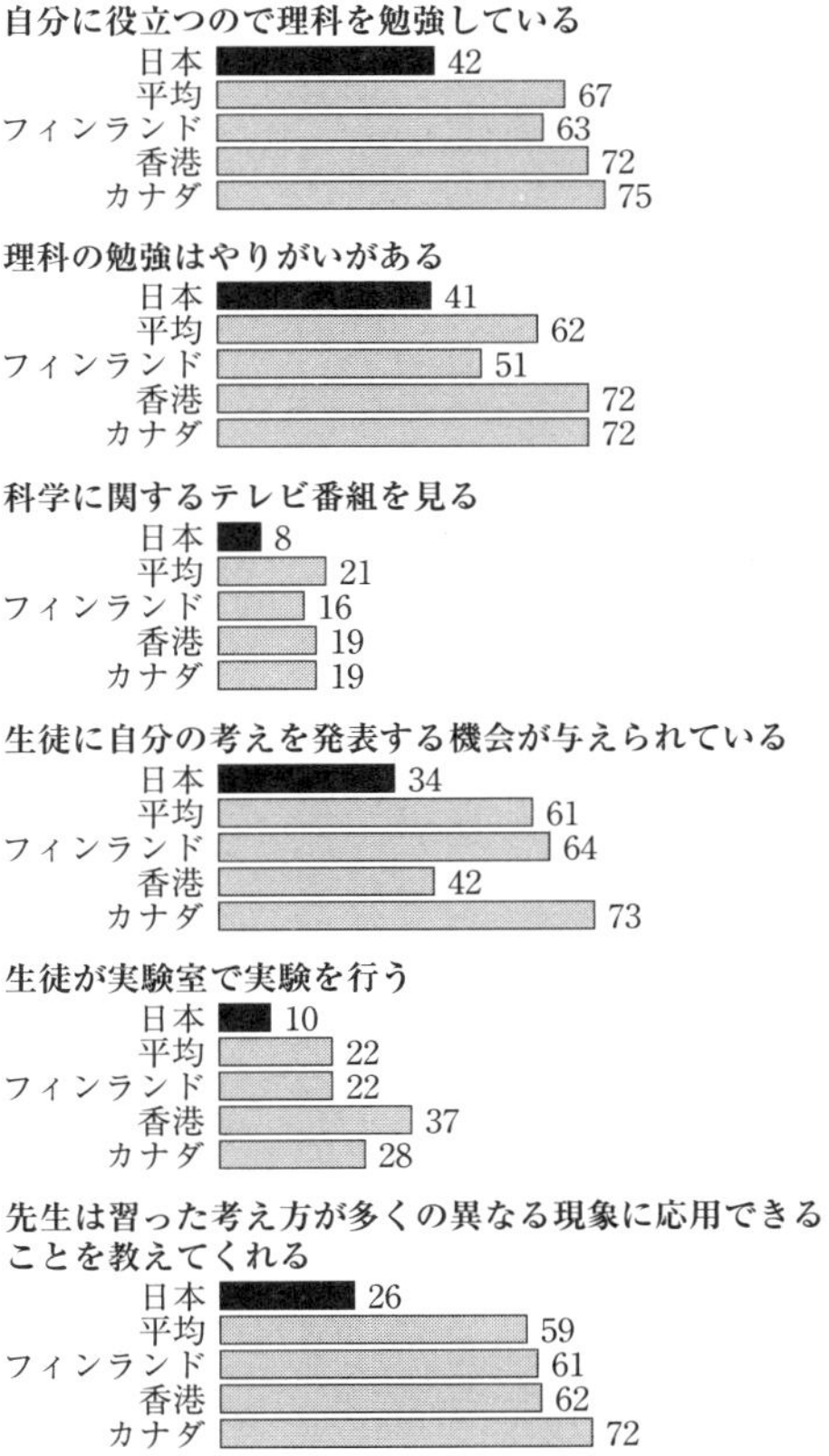
自分に役立つので理科を勉強している
日本 42
平均 67
フィンランド 63
香港 72
カナダ 75
理科の勉強はやりがいがある
日本 41
平均 62
フィンランド 51
香港 72
カナダ 72
科学に関するテレビ番組を見る
日本 8
平均 21
フィンランド 16
香港 19
カナダ 19
生徒に自分の考えを発表する機会が与えられている
日本 34
平均 61
フィンランド 64
香港 42
カナダ 73
生徒が実験室で実験を行う
日本 10
平均 22
フィンランド 22
香港 37
カナダ 28
先生は習った考え方が多くの異なる現象に応用できることを教えてくれる
日本 26
平均 59
フィンランド 61
香港 62
カナダ 72

これでは、「学び」への転換どころか、「教え」ることさえ怪しい日本の状況である。むしろ、理科の得点が6位を保持できたことが不思議なくらいだ。03年の（国際教育到達度評価学会――ＩＥＡによる）別の国際数学・理科教育動向調査（ＴＩＭＳＳ）でも、実施対象は中2であるにもかかわらず、やはり同傾向を示している。つまり、「理科の勉強が楽しい」と答えたのは日本が何と59％。国際平均は、77％。つまり、18ポイントも低いのである。理科だけでなく、日本の学校における授業スタイルのあり方を、いかに子ども主体に切り換えるべきかが求められている。子ども参加は本気で考えなければなるまい。

4　保護者の期待と学力政策、学校現場の実態のズレ

保護者の学力に対する期待の肥大化

ＰＩＳＡ調査の「学校質問紙」問15では、日本の保護者の学校に対する期待の特異性が浮き彫りになっている。「あなたの学校（学科）に対する保護者の期待を最も特徴づけているのは、次のうちどれですか」とたずねたものである。

次の三つの選択肢の中から、回答者である校長が一つ選ぶようになっている。

1　本校が非常に高い学業水準を設定し、生徒にこれに見合った高い学力をつけさせていくことを期待する**圧力を常に**多くの保護者から受けている
2　生徒の学力水準を高めていくことを本校に期待する圧力を、**少数の**保護者から受けている
3　生徒の学力水準を高めていくことを本校に期待する圧力を、保護者から受けることは**ほとんどない**

結果は、表1―10の通りである。

・日本は、校長が「生徒に高い学力をつけさせていくことを期待する圧力を常に多くの保護者から受けている」と回答した学校に在籍する生徒の割合が39％であり、OECD平均21％より18ポイント高く、56参加国中では4番目に割合が多い。参加国全体で見ると、日本の校長は、生徒に高い学力をつけさせていくことについて保護者からの期待や圧力を強く感じているといえる。

・参加国の中で、「生徒に高い学力をつけさせていくことを期待する圧力を常に多くの

表 1-10　保護者の学力に対する期待

国名	保護者の学力に対する期待（生徒の割合（%））		
	多くの保護者	少数	ほとんどない
ニュージーランド	43.5	49.4	7.1
スウェーデン	43.4	56.6	0.0
アイルランド	42.5	47.1	10.4
日本	39,2	49.3	11.5
イギリス	37.8	50.6	11.7
オーストラリア	37.0	52.8	10.2
キルギス	36.9	52.8	10.3
アメリカ	35.5	48.5	16.0
イスラエル	33.3	38.2	28.5
カナダ	31.9	50.2	17.9
ハンガリー	29.1	49.0	21.9
タイ	28.3	40.9	30.8
チェコ	28.0	60.3	11.7
台湾	27.7	66.4	5.9
カタール	26.6	38.2	35.2
デンマーク	25.7	40.8	33.4
エストニア	24.2	52.3	23.5
ポーランド	23.5	50.2	26.3
インドネシア	23.4	60.4	16.2
メキシコ	23.3	40.7	36.0
ヨルダン	23.1	52.2	24.7
ブルガリア	22.8	55.5	21.7
イタリア	21.7	56.0	22.3
スロベニア	21.2	43.4	35.4
ブラジル	21.1	49.2	29.7
OECD平均	20.7	47.1	32.2

国名	保護者の学力に対する期待（生徒の割合（%））		
	多くの保護者	少数	ほとんどない
チリ	19.0	52.2	28.8
アゼルバイジャン	17.6	49.3	33.1
韓国	17.2	65.2	17.6
ギリシャ	15.2	20.7	64.1
スロバキア	14.4	63.0	22.6
ラトビア	14.4	31.4	54.2
ロシア	14.4	61.6	24.1
トルコ	14.2	46.8	39.0
アイスランド	13.4	37.8	48.8
コロンビア	11.8	38.4	49.8
ルーマニア	11.6	27.4	61.1
アルゼンチン	11.1	33.8	55.2
スイス	10.2	53.1	36.7
スペイン	8.9	31.0	60.1
ノルウェー	8.8	52.1	39.1
オランダ	8.7	45.8	45.5
モンテネグロ	8.6	63.2	28.2
ベルギー	8.4	33.1	58.5
リトアニア	7.6	54.6	37.9
ポルトガル	7.1	68.8	24.1
ウルグアイ	6.8	36.6	56.6
チュニジア	5.8	37.1	57.1
クロアチア	5.8	39.6	54.6
ドイツ	5.0	52.4	42.6
オーストリア	4.0	30.2	65.8
香港	3.2	73.4	23.4
セルビア	2.0	53.1	45.0
ルクセンブルグ	1.8	43.6	54.6
マカオ	1.6	54.4	44.0
フィンランド	1.4	19.7	78.9
リヒテンシュタイン	0.0	83.0	17.0

保護者から受けている」と回答した割合が最も多い国は、ニュージーランド（44％）であった。次いでスウェーデン（43％）、アイルランド（42％）、日本（39％）、イギリス（38％）、オーストラリア（37％）と続く。（前掲書256頁）

興味深いのは、学力トップのフィンランドの回答結果である。日本では「多くの保護者が期待している」と判断した校長（＝学校）は、39・2％にも達しているのに対して、フィンランドの場合は、わずかに1・4％。しかも、「保護者の学力に対する期待」を「ほとんど受けない」と考えている校長（学校）は、日本の11・5％に対して、何と78・9％と8割近い。また、リヒテンシュタインに至っては、OECD非加盟国でありながら、科学的リテラシーは10位、数学的リテラシーは日本より上位の9位、読解力も日本より上の8位と好成績を修めている。にもかかわらず、この「学力期待圧力」に関しては、今回の参加国中最下位である。0・0％というのだから、ノンビリしている。圧倒的に少数の親（83・0％）からの圧力ととらえているようだ。

「学力期待圧力」が高い国の中では、ニュージーランド（1位）、オーストラリア（6位）、カナダ（10位）など実際の学力順位も高い国もあるものの、イギリス、アメリカなど学力順位が低い国が目につく。これは、保護者の期待の内容や、同じ学力要求ではあっても、どんな学力なのか、また、その国が、どのような教育制度の中でそれを実現しようとしているのかなどによっても結果が大きく左右されているからではないだろうか。詳細に検討するとさらに貴重な教訓が得られそうである。

また、もう一つ重要な視点としてあげなければならないのが、学力要求以前に、どのような人間育成（人格形成）を望んでいるのか、それが学校参加とどう結びついているのかである。学校づくりの民主主義のあり方、実現度なども大きく絡んでくるからである。

親は「学力要求」至上主義ではない

ところで、日本の場合、親たちは、学校に対して学力向上への強い要求を持ちつつも、何に優先してでも、わが子に高い学力をつけてほしいと望んでいるわけでは決してないのである。

親がわが子の学力について、どのような思いを抱いているのかについては、これまでも多くの関係者が調査を重ね、その実態把握に努めてきた。その結果、「学力低下に不安を抱く親」といった固定化された構図が、すっかり社会全体に「定着」した感がある。確かに筆者が講演会で参加者を対象にとったアンケート調査においても、7割前後の親は学力向上を望んでいる。

ところが、2003年2月に発表された読売新聞の世論調査結果には注目させられた。この調査は、親が望む子どもの発達イメージに関して8項目の中から二つ選択する回答形式であった（02年12月21、22日全国有権者3000人・250地点対象、回収は1836人〔61・2％〕、面接聴取法。50代22％、60代20％）。ところが、注目を集めて当然と思われた選択肢である「学力をしっかり身につける」は、19・4％で、何と8項目中最下位に位置していたのである。トップを占めたのは、「人の痛みがわかる人間になる」（59・8％）であった。次いで、「健康な体を作る」（49・8％）が続き、子どものトータルな幸せをこそ願う親の隠された心情が浮き彫りにされたのである。

私は、親の要求に添った教育政策と教育実践とは何か、さらに鮮明にするために、読売新聞のアンケート調査の「検証」も兼ねた、独自の「わが子に対する親の願い」の調査を試みることにした（臨床教育研究所「虹」実施）。

事前にアンケート調査についての告知はせず、私の講演会の会場で、参加者を対象に行った。講演開始前に用紙を配布し、同じく開始前に回収を行った。実施の時期は、200

3年11月～2004年3月である。全国9都道府県9か所、1096人対象、回収は808人（回収率73・7％）。対象者の年齢は、小・中学生の子を持つ親の世代である。回答者の立場は、「親」が60・8％を占め、「教員など教育関係者」は25・0％であった。

「あなたは、わが子が成長していくにあたって、どんな力をつけ、どのような姿になって欲しいと願っていますか」という問いに対し、以下の8項目から、二つを選択してもらった。

〔選択肢〕

1　学力をしっかり身につけてほしい
2　健康な体と体力をつけてほしい
3　責任感の強い子になってほしい
4　何事にも粘り強く努力する子になってほしい
5　しっかりとした自立心を身につけてほしい
6　社会のルールやマナーなどモラルを身につけてほしい
7　人の心の痛みや辛さがわかる人になってほしい

8　多くの友人に恵まれてほしい

その回答結果は、「人の心の痛みや辛さがわかる人になってほしい」を選んだ回答者が群を抜いており、全体の57・1％と6割近くにも達した。それに比べて、世間の強い学力向上要求状況から推測すると当然1位だと思われる、「学力を身につけてほしい」という項目は、下から2番目の、8・6％にすぎなかった。これは今日の学力向上一辺倒の教育情勢や、行政の動向から考えると、驚くべき数値、要求の低さである。ということは、先の読売新聞の世論調査結果は、世論の教育と子育てへの要求を的確に反映していたことになる。

これらの数字だけを見た場合、回答者の多くは、「学力」よりも「心」「自立心」など、人としての中身が重要であると考えているようだ。しかし、「学力」を軽視していると判断するのは早計すぎるだろう。というのは、回答者が「学力」そのものをどのようなイメージでとらえているかが重要だからだ。つまり、学力観の相違を考慮すべきであろう。たとえば、「学力」を「九九」や分数の計算、漢字の読み書きなど、「点数により計測可能で無味乾燥な力」と限定してしまうと、「心」や「自立心」「モラル」といった人間性を、身につけたい力のより上位に位置づけたくなるのも当然であろう。この点に関しては、自由記述を参考に考察してみた。

まず、「学力をしっかり身につけてほしい」という代表的な理由は以下の通り挙げられている。

・長い人生の基本と思う。
・机上の勉強のことだけではない。向上心、向学心は生きていく上で必要。
・何を学び、どんな職についても基本が大事と思う。
・社会の中で適応して生きていくためには、知識や判断力、思考力は必要であるので。

一読してわかるように、ここでは受験のための学力や「学校知」を求める声はほとんど見られない。反対に「生きる力」、リテラシーとしての学力の向上を願っている。つまり、「ＰＩＳＡ型学力」、文科省が「活用」と定義する力のことである。この点でも、今日の学校現場や行政の形式的な点数だけの学力競争が、いかに今日的な市民感覚とずれているのか明らかである。

また、「人の心の痛みや辛さがわかる人になってほしい」という願いの背景や理由は何だろうか。

・人間として一番大切だから。（多数）
・生きていく上で最も大切なこと。
・一人では生きていけないから。
・人の心の痛みがわかる人は、それだけ豊かな見識を持てると思うし、よい友人を見つけられると思うので。

ここでは、他者より抜きんでるための競争ではなく、共に生きるために力を合わせる「共創」を願い「協力社会」を望む親心が鮮明になっているのである。

「学力低下に不安を抱く親たち」の存在は、偽りではないだろう。しかし重要なのは、学力の要求をどのように問うたのかにある。つまり、「学力」のみに特化して問えば、学力への要求を「否」と答える親など最初からほとんどいないに決まっているのである。したがって、それら調査結果だけでは、親の要求をつかんだことにはならない。ここに、社会意識調査のトリックがある。たとえ膨大なデータ上の裏づけがあったとしても、データのとり方そのものの適否を確かめることから始める必要があろう。

しかし、近年の「学力低下」に関する動向を見ていると、社会の意識を一定の方向へ誘導しようとしていたのではないかと疑われる。すなわち、「学力向上を望む」親たちの要求がいかに強いかデータで裏づけ、学校は〝親の要求〟に誠実に応えるべきだという理屈で、学校現場に学力向上の取り組みを強引に求めてきたのである。親は市場における「消費者」であるとみなし、学校は顧客に満足のいく「サービス」としての教育を提供すべきだとする、教育を商品化する理論が展開されたのである。

振り回される学校現場

〝世論〟の学力向上への〝要求〟は、国・文科省にとって、学力向上策の後押しをするものとなった。夏休みを短縮し授業時数を確保したり、同じく授業時数確保のために、これまで我々日本人が長年馴染んできた三学期制を改め、一年間を便宜的に区切っただけとしか思えない二学期制が各地で導入され始めたのである。土曜日に授業を実施する「特区」まで出現し、1時間目の直前に行うゼロ時間目やその前の「マイナス1時間目」、7、8時間目に授業を開設し一日10時間授業することさえ珍しくなくなった地域も登場。通常の50分授業を2分延長し、52分授業（休み時間は8分）を行う自治体まで現れた。

授業時数が増えただけではなく、宿題も増え、帰宅後も子どもたちは息つく暇がない有様。次々と実施される学力試験、学校の時間外でも英検、数検、漢検、歴検など検定試験受験の奨励。頑張りを称え、やる気を引き出すという大人の側のもっともらしい理由で、それらの結果を校内で発表し、子どもたちに無言のプレッシャーを与え続けているのである。

ベネッセ教育研究開発センターの調査（全国の小中学校教員約4000人と小中学校約1100校から回収。07年8・9月実施）によると、子どもの個性や自主性を尊重する意識よりも、教員が中心になり学力を底上げしようという意識が、小中学校の教員間で高まっていることがわかったという。これは、ゆとり教育から「確かな学力」の向上へと政策転換したことにより、教員の教育観が「画一教育」へシフトを変えたことによるようだ。「受験に役立つ力を、学校の授業でも身につけさせること」が、97年調査の66・7%から79・1%に増え、逆に「受験指導などは塾などに任せて、学校では基礎的項目を教えること」は、30・9%から17・6%に半減（中学校教員）。心がけている授業方法も体験や表現方法などをとり入れた授業が減少傾向にある。教科書通りの授業や小テスト、講義形式が増えている。

これでは、「PISA型学力」や求められる授業のあり方とはまるで逆。ここでも学力低下へ真しぐらの姿を見せている。

果たしてこれらが本当に子どもたちの成長のためのものかという、一番肝心な視点が置き去りにされたまま、計測可能な旧来の「学力向上」という錦の御旗さえ掲げれば、何でも正当化されるという異常な事態に陥った証拠である。そんな情況だけに目を奪われて、いわゆる「いい大学」に入っても、けっして「勝ち組」に参加できるわけではない。ニートやひきこもりになるかもしれない。あるいはホリエモンや村上ファンドの前代表のような庶民感覚からズレた金銭観やモラルで大失敗するかもしれない。

学校の教育実践や教育行政は、親たちの本当の願いをトータルに把握して、行われなければならないはずである。

子どもの発達保障と人格の形成という本来の教育目的を置き去りにしたまま進む「学力」論争や、事実認識のズレた、不安をあおるようなメディアの報道に対しては、一歩立ち止まって、保護者には、わが子の成長への純粋な思いを再確認してもらい、子どもと教育について考え直してもらうべきだろう。また、表面の数値だけにとらわれない、生きる力を豊かにする、生きて働く真の「活用力」について、活発な議論がなされ、地に足の着いた教育実践が展開されていくことを希望してやまない。

学校の形を変化させエリート層を一刻も早く分別し、そこに人力も金も投入するという子どもの二極化を促進させることばかりにやっきとなってきた、今日の教育の「構造改革」は、もう終わりにすべきだろう。多くの親たちが望んでいるようにもっと地道に将来を見据え、子どもの目線に立った「機会均等社会」に向かうための「教育改革」へ立ち戻ることを願わざるをえない。

それにしても、親の本音が「心の成長」「人格の完成」にあることと、最近の父親参加の中学受験ブーム等がどうも矛盾しているのではないかという声もある。確かにかつての「子育て軸」で考えると大いに矛盾している。しかし、この現象は、格差社会に入り二極化が固定しつつあることの証拠でもある。

つまり、社会状況を的確に見極めることができるポジションにいる父親たちが、わが子への「愛情」「豊かな心に育ってほしい願い」から、多少犠牲を払ってでも、「下流」防止対策として、わが子の学校を選択しはじめたのではないか。ブランド大学だけを求めて受験に突っ走ったかつてとは違い、その心境には、二極化社会が進行する中での、「下流」にだけは落としてはなるまいというせっぱ詰まった思いがあるようだ。

しかも、今や公立の小・中学校段階から「学校選択制」が首都圏を中心に広がっている。まるで商品を選ぶように学校を選ばされるのである。親は「消費者」で学校は「サービスの提供者」だというのだから。こうなっては、かつての受験戦争時代のように〝教育ママ〟に全面的にまかせられる範囲を超えている。したがって、30代の父親たちは、わが子が小・中の義務教育段階から「学校選択」をせざるをえないのである。どうせ選ぶなら、ブランド小学校、ブランド中・高校はどうかと迷うのは〝親心〟というものだろう。ここにも、かつてとはまったく違う「新・学歴社会」の始まりを感じるのである。これは、そのまま、国際的視点で見れば、「学力低下」「活用力低下」への道でもある。問題解決型のたくましい子どもは育ちようがないのである。本気でこのことに気付けない社会は、未来への希望をつかむことは困難だろう。

Ⅱ　学力低下へ真しぐら！　全国一斉学力テスト

――テスト「競争依存症」の恐怖

はじめに――43年ぶりに復活した「全国一斉学力テスト」の効用は？

これは最近にない大事件かもしれない。２００７年４月24日、長かった冬眠から目覚めて、43年ぶりに全国学力・学習状況調査（以下、「全国一斉学力テスト」）が復活。全国の３万２７５６校で、小学６年生と中学３年生のほぼ全員にあたる約２３３万２０００人が参加。〝国家的大事業〟となったのである。

大学入試センター試験ですら受験者数は例年約50―55万人で、そのおよそ４倍にも達する規模である。問題と解答用紙だけでも段ボール10万箱、経費は77億円。前後の諸費用を含めると約１００億円も要したといわれる。

せっかくの国家的事業にもかかわらず、これを毎年4月の第4火曜日に実施（当面の予定）し続ければ、日本の子どもの「PISA型学力」は確実に低下していくに違いない。なぜなら、テスト様式が全国「一斉」であるからだ。それでは、必ず得点と順位「競争」が生まれ、「高得点獲得」が至上目的化されることになるからである。そうなると、悲しいことに「テスト対策」学習がいつの間にか授業目標となり、学校の存亡をかけた最優先の課題とならざるを得ないからである。このような授業や学力向上策が、たとえうまくいったとしても、本来目指すべきPISA型の学力とはかけ離れ、「得点力」がアップするだけである。PISAが求める、つまり今日の国際社会が求める、実生活における活用力や問題解決の能力、社会を創る意気込みはまったくといってよいほど育っていかない。そればかりか、学校の名誉を傷つけ、足を引っ張る得点力の低い子どもたちに対する生徒間の何とも言えない冷たい眼差しが、いつの間にか、教師にも子どもにも親たちの間にも芽生え、一気に広がる可能性がある。これに、さらに学校選択制や何らかのバウチャーが連動すれば、実際に制度としても、できない子が排除されるのは必然的結果であろう。

こうして、日本の学校は、全体としての学力をより一層低下させることになるだけでなく、子どもたちの人格を育てる、一番大切な教育力をも確実に低下させることにつながる。ひいては、このような本格的な「学力低下政策」は、近い将来、国家的危機をも招くことになるだろう。

教育の論理は経済の原理とは相対的に異なる。にもかかわらず乱暴にも、何から何まで経済の市場原理や競争主義、成果主義を導入しようとしているからである。

では一体、どこの何がどのように問題なのか、本章で詳細に考えたい。

第一には、２００７年４月に実施された第一回の結果報告（10月24日）を分析することにより、日本の子どもの学力の全体像と問題点を明らかにしたい。

第二には、一体どうして全国一斉学力テストが、43年ぶりの今ごろ復活したのか。その経緯と背景、本当の目的は何なのかについて明らかにしたい。

第三には、その方法論の問題点についてである。とくに全数調査の問題点や欠点は何か、実例をあげながら考えたい。

第四には、全国一斉学力テストにより、今後予想される問題点や危険について述べたい。

1　第一回「全国一斉学力テスト」の結果は語る

これでは実施する意味がない？

鳴物入りで実施された43年ぶりという「全国一斉学力テスト」の結果が何と、10月も下旬の24日になってようやく発表された。

4月24日の実施から半年後の結果発表である。こんなに遅くては、子どもたち一人ひとりの学力に関した、弱点「改善」指導の余地などほとんど期待できないではないか。まず、返却の遅さからして、子どもたちに失礼であり、テストの意味をなしていない。なぜなら11月は、中学3年生の子どもたちにとっては、目前に迫った高校受験に向け追い込みに入る直前だ。その11月に入ってから「個票」を渡されても、4月にやったテストの反省どころではない。迷惑なだけである。小学6年生とて同様だ。私立中学受験を目指している子どもだけでなく、地元の公立中学に進もうとしている子どもも、今ごろ小5以前の問題に対する回答の正否や全国平均正答率のみを個票で「通知」されても生かしようがないではないか。

テストの返却が遅いだけではない。このような事務的な事後対応では、学習の改善には何の役にも立たない。やはり子どもたちが、全力をあげて苦心して書き込んだ生の回答用紙そのものを返却しないのでは、子どもたちにとっては、いかにも空虚で実感が湧かない。こんなことは、現場の教師なら改めて考えるまでもない常識であろう。教員にとってもむなしい個票の返却作業に違いない。

また、調査から目新しい結果が何も出ていないのも大きな特徴である。これまでのＰＩＳＡ調査や「教育課程実施状況調査」（文科省）などで明らかになっている問題点や懸念された課題以上の新たな発見は何も出ていないのである。

つまり、子どもたちの学習の改善に何も役立たないことに加えて、問題点の新しい発見もないという二つの特徴からだけ考えてみても、43年ぶりに大さわぎをして、１００億円近くも使った意味がないのである。むしろ、これまで文科省が実施してきた「教育課程実施状況調査」のほうが、文科省が設定した到達すべき目標に対して、どの程度できているのか的確に測ることができるために、全国一斉学力テストよりもはるかに科学的で効果的である。国にとっても課題発見型の役立つ、価値あるテストといえるだろう。こちらのほうが、国にとって「使える」テストなのである。

活用（B）の低学力はPISA調査と同じ——調査結果の特徴と分析

調査結果全体を通して、その特徴と感想をまとめると、以下の6点に整理できる。

①学力調査の「知識」（A）は、問題が少し易しすぎるキライはあるが、正答率80％台という結果は良好といえるであろう。つまり、逆に言えば、私たちがよく言うところの「古い学力」は少しも落ちていないことになる。

②「活用」（B）は「知識」（A）に比べ、小学校国語では18・7ポイント、算数では18・5ポイント、中学校国語では10・2ポイント、数学では11・6ポイントも低い。大きな課題が残った。「PISA型学力」が低いことが、国内調査でも明らかになったのである。

③全国の県別、都市規模別の格差が比較的低い。この点は評価できそうだ。平均正答率「±5」％くらいで納まっている。高い県は秋田・福井・富山（中）、逆に低い県は、沖縄・北海道・大阪府・高知県（中）など。東京とへき地の差は小さい。

④学習状況調査は、5年前と3年前に実施された「教育課程実施状況調査」（文科省5～7万人対象）と比較すると、各領域において飛躍的な「改善」がみられる。これは本物の「改善」なのか、それとも事前対策としての、早寝、早起き、朝ごはん「運動」など

の結果なのか。「改善」が進んだ理由や背景について慎重に分析する必要があるだろう。

⑤学力と生活（早寝、早起き、朝ごはん、宿題、モラルなど）との相関関係がはっきり出ており、両者の関係性が浮き彫りになった。

⑥学校調査については、中学校の回答で、小学校より高い数値の項目が多い。現場の実態とは大きくかけ離れており、現実を反映していない。たとえば、「授業中の私語が少なく、落ち着いている」小―90％、中―91％。「規則を守る」小―86％、中―85％。「礼儀正しい」小―86％、中―88％。「学級崩壊」や「暴力」行為に頭を抱えている他の調査結果やニュースの報道から判断しても、考えられない数値ではないか。

さらに、これらをこれまでの文科省の取り組みをふり返りながら、特徴を簡潔に分析してみよう。

①よくいえば、今回は、2002年来の「確かな学力」路線（宿題、検定、補習、読書の重視）の一定の「成果」や「帰結」といえるのではないか。しかし、今回の「活用力」の弱さはその逆を証明している。つまり、はっきり結果として表れた「知識力」を問う「A」で高い成果が出て、「活用力」を問う「B」が弱いという点は、この間の教育界における百マス計算などにみられるトレーニング中心主義の横行や諸検定受検の大流行に対し

て、片や「活用力」を最も育成しやすい総合的な学習を手抜きしてきたことと表裏一体の関係と見なすことができよう。

②「活用力」と「知識」は分離してとらえるべきではない。「活用力」の中心は、洞察力（考える力、推論力、発想力、批判的思考力）であり、どんなに文科省の強調する「確かな学力」としての基礎・基本が習得できていても、それが洞察力に発展・転化することは、期待できない。百マス計算のスピードがどんなに早くても、漢検が一級であっても、必ずしも「活用力」にはつながらないのである。「活用力」を機能させる洞察力を総合的に発揮させる視点から基礎学力形成にかかわるメソッドが、わが国では不在となっている点が大きな課題であろう。「知識」と「活用」を分離し、さらには「意欲」も切り離して考えてとらえる学習観、指導観にこそ問題がある。これは、人間はどのようにして学び、成長していくのかという人間理解と「人間観」の貧しさの問題でもある。

③東京の正答率の低さ、大都市とへき地の差の小ささは、私学や国立への進学組の不参加、つまり、彼らの成績のデータが入っていないことの影響が大きい可能性がある。たとえば、東京では、全私学のわずか20％しか参加していない（全国では60％）。しかも、学力上位校はいずれも不参加である。全数調査とはいいながらも、実態はこのように地域に

よってはずいぶん現実とはかけ離れているのである。

④学習状況調査では、これまでのデータや実態と比べてあまりにも生活が改善されすぎている。数値が良すぎて気味が悪いほどである。これは、おそらく、よい数値を出すために、各学校が早寝、早起きや朝ごはん、宿題の習慣化、テレビ視聴を抑えることなど、調査項目に合わせて、生活指導を徹底する事前指導が行われた影響が出たのではないか。先述の通りありえぬ好数値が出ており、無気味ですらある。「向上」しすぎているのである。これが今、流行の「偽装改善」でなければよいのだが。4月24日に向けた各学校の取り組みや一時的な成果ではないのだろうか。

ところで、家庭生活の改善と学校規律の厳守、読書などが「国民運動」化すると実践は空洞化する。また、学力と生活の相関関係が明確になった点が利用されて、早寝、早起きさせれば学力が向上するなどと短絡的に逆転した「運動」や「指導」がなされてはたまらない。しかし、今日の学力向上に対する国民の意識は、その危険性が極めて高く、心配である。教育の自主性・創造性の死滅につながりかねない。

⑤校長が記入した学校調査の何といういい加減さであることか。これでは事実は何も伝わってこない。おそらく「自分の学校をよく見せなければ」という全数調査のプレッシャ

ーがかかったのだろうが、今日の日本の硬直した上意下達の学校の姿を見せつけられているようだ。

⑥文科省による2007年10月24日の第1回報告の中の「分析」があまりにも甘すぎる。もっとあるべき教育制度改革や学力低下の社会的背景にまで目を広げ、深化させる必要があるだろう。

⑦今回全問に提示された「改善等のポイント」のひとり歩きが気になるところである。なぜなら対症療法としての授業指導の「改善」策しか出ていないうえに、次節でも論及するが、国家的管理の道具として利用される危険性が高いからである。これでは「国定の学力形成」につながりかねない。教育内容ばかりか、教える形式まで新たに枠をはめるつもりのようだ。

また、国の教育政策に対する評価項目が少ないのはどうしたことか。すべてを地方自治体、各学校、親に向けて責任転嫁しているようで無責任である。

2　なぜ実施？「全国一斉学力テスト」――その経緯と背景

ゆとり教育と学力低下不安が生んだ〝最後の手段〟

最初に、今回の全国一斉学力テスト実施に至る経緯を見ておこう。背景の一つとして、1999年ころから広く話題になり始めた「学力低下」問題が絡んでいることは明らかである。

2000年7月にOECD（経済協力開発機構）が初めて実施した生徒の学習到達度調査（PISA調査）において、日本は数学的リテラシーで1位、科学的リテラシーでは2位、読解リテラシー（読解力）では8位という好成績を修めていた。

ところが、2002年4月（高校は2003年4月）から「ゆとり教育」を柱とした学習指導要領と学校完全五日制が同時に実施に移された。この直前の2001年秋口から、こうした「ゆとり教育」そのものへの不信と学校五日制への不安が重なり、「学力低下」に対する懸念が一層高まったといえる。学習内容が3割削減されるうえに、学校五日制の実施によって授業時間数も減少する、こんなに減ったのでは学力低下は避けられないのではないかという不安が市民の間に急激に広がったのである。この声に対応せざるをえなくなった文部科学省は、2002年1月、遠山敦子文部科学大臣（当時）名による「学びのすすめ」なるアピールを発表。「ゆとり」は「ゆるみ」ではなく、「確かな学力」の育成である旨を強調し、市民を安心させようとした。しかも、そのアピールの中で、宿題、読書、検定、補習のすすめなどを、わかりやすく説得力を増すために、あまりにも具体的に提示してしまったのである。これが、現場に文科省のお墨付きだから、という安心感を与え、全国で一斉に、これら四つの実践スタイルが広がることになったのである。

また、多くの都道府県教育委員会も議会からの学力向上圧力に応える形で、独自に学力調査を開始せざるをえなくなったのである。文部科学省も小中学生45万人を対象にした、2002年調査（「平成13年度小・中学校教育課程実施状況調査」）の結果を公表。理科、数学の学力低下が話題になる。

さらに2004年1月には、文部科学省が2002年に40年ぶりに実施した、抽出方式による高校生対象の学力テスト（「平成14年度高等学校教育課程実施状況調査」）の結果が出る。ここでは、文科省によってあらかじめ予想した到達予定の正答率（到達目標）に到達しなかった項目が多かったため、世間の「学力低下」不安の声が一層高まる。こうして、同年11月には、当時の中山成彬文部科学大臣がまるで追い詰められたかのように、全国的な学力調査実施私案を公表するに至るのである。

続いて12月、ついに「学力低下」不安に決定的な根拠を与えるような調査結果が公表される。２００３年のＯＥＣＤによるＰＩＳＡ調査と国際教育到達度評価学会（ＩＥＡ）による国際数学・理科教育動向調査（ＴＩＭＳＳ調査）の結果、どちらのデータでも、世界各国と比較した場合、日本の順位が低下していたのである。文部科学省も「（日本の）学力が世界トップレベルとはいえない」とコメントをせざるをえなくなったのである。

こうして文部科学省は、「ＰＩＳＡ２００３年の結果を受けた今後の取組」を公表する。そこには、「基本的な方向性」として小中学校、高校を通じて、目指すべき三つの方向が示された。

①基礎・基本の徹底
②思考力、判断力などを含む「確かな学力」の育成
③世界トップレベルの学力を目指すこと

このために、「中教審における検討の推進」の一つとして、「全国的な学力調査の実施」という項目を掲げ、「実施内容や方法等について検討（平成17年秋までにとりまとめ）」す

るスケジュールまで打ち出されたのである。

これが、文部科学省を中心とした2004年12月までの学力テストをめぐる経緯である。正式には2005年8月に、2007年度から全国一斉学力調査を実施する旨が発表される。中央教育審議会（中教審）も2005年10月に「子どもたちの学習到達度・理解度についての全国的な学力調査を実施することが適当」（「新しい時代の義務教育を創造する」答申、2005年10月26日）と提言するようになる。

このように一連の流れを追うと、「学力低下」不安、「ゆとり教育」批判が全国一斉学力テスト実施への誘い水としていかに強力に働いたのかが理解できる。まるで追いつめられ、囲い込まれるように、禁断の果実を口にしてしまったのである。

しかし、皮肉なことに、2005年4月に公表された小中学生対象の抽出調査（「平成15年度小・中学校教育課程実施状況調査」2004年実施）の結果は、前回と比べて理数科目の学力、学習意欲とも上向きであったほか、2007年4月に公表された高校生対象の調査（「平成17年度高等学校教育課程実施状況調査」2005年実施）でも、学力、学習意欲とも前回より改善されている結果が示されたのである。

「学力テスト高3改善　ゆとり世代「勉強好き」増加」（『朝日新聞』2007年4月14日

付）、「高3学力低下歯止め　ゆとり世代初の全国テスト　理数・記述式は苦手」（『読売新聞』２００７年4月14日付）などと各紙が報じたことからも、その良い意味での衝撃の大きさが伝わる。それにしても、メディアも何と表面の現象追随であることか。その洞察力のなさは、国の進路を迷わせかねない。

どうせやるなら——隠された文科省の本音

では、全国一斉学力テストの目的は何か。どうせやるなら——と、その奥には隠された本音が潜んでいるようだ。文部科学省の発表や中教審答申の文言を正確に、しかも丁寧に追うとそれが見事に浮かび上がってくる。教育の地方分権や教師の実践の自由・自主性など民主主義国家の常識とはまったく相容れない、06年教育基本法の下での、国家による新しい形の指導管理型教育を目指す危険な本質が鮮明になってくるから驚く。

まず、文部科学省が示す「目的」を丁寧に読み解いていこう。「平成19年度全国学力・学習状況調査に関する実施要領」（２００６年6月20日）では、次の2点を全国一斉学力テストの目的と位置づけている。

（1）全国的な義務教育の機会均等とその水準の維持向上の観点から、各地域における児童生徒の学力・学習状況を把握・分析することにより、教育及び教育施策の成果と課題を検証し、その改善を図る。

（2）各教育委員会、学校等が全国的な状況との関係において自らの教育及び教育施策の成果と課題を把握し、その改善を図る。

つまり、（1）「児童生徒の学力・学習状況」の「把握・分析」により、〝文部科学省〟の「教育」と「教育施策」の「成果」「課題」を「検証」し「改善」するというのだ。ただし、この後、10月のテスト結果発表時点では、「児童生徒一人一人の学習改善や学習意欲の向上につなげる」という文言が、いつの間にかさり気なく付け加えて発表されているのを見ると、全国一斉学力テストに対する国民の支持を何とか得たいがための緊急対応「文言」ではないかと思える。これでは、あまりにもつじつま合わせの人気取りにすぎず、姑息とはいえまいか。しかも、実際には答案の実物も返さず、返却に時間がかかりすぎたのだから、「一人一人の学習改善や学習意欲の向上」などに「つなげ」ようがなかったのである。

（2）では、〝地方〟は、「全国的な状況」を見て「自ら」「改善」せよというわけである。しかし、ここでいう「改善」とは何を示すのかまったく不明確である。一般的な学習指導のあり方を見直し、「改善」せよというのなら理解はできるが、「全国的な状況」を見てその何を手直しせよというのか。また、その改善は、地方自治の精神で自主的、創造的に行ってよいのか、それとも文部科学省主導で行うのか、それによって、改善の中身も質もまったく異なる。実施後の各県の「改善」を見ると、沖縄に端的に示されたように、「２０１１年までに、小中とも正答率75％に！」などという、競争をあおるものでしかない。こんな成果主義に陥れば、県内での達成競争が激化し、洞察力などの「ＰＩＳＡ型学力」は低下せざるを得まい。

文部科学省が設置した専門家検討会議が発表した「全国的な学力調査の実施方法等について（報告）」（２００６年4月25日）では、この方法論が「現在進められている義務教育改革においては、教育の分野におけるＰＤＣＡサイクル（Plan 企画・立案、Do 実施、Check 検証・評価、Action 実行・改善を順に実施し、最後の改善を次の計画に結び付けるなど継続的な業務改善を図るためのマネジメント手法）を確立する必要があり、教育活動の結果を検証するための具体的な方策が必要である」と明確に提言されている。このＰＤＣＡサイクルは、数値目標に基づいた成果主義として、２００２—03年ごろから教育における学校の「説明責任論」（アカウンタビリティ）と一体となって、今や教育界を席巻している概念である。文部科学省はこの考え方を活用しながら、全国一斉学力テストの実施によって、Pの「企画・立案」とCの「検証・評価」を行う権限を握り、Aの「実行・改善」、つまり教育改革の舵を握ろうというわけである。

このことが、憲法に保障された国民の自主的、創造的な教育権や地方自治権の精神に反することはいうまでもない。しかも、これは単なる杞憂ではない。先述の中教審の答申（「新しい時代の義務教育を創造する」）が次のように明らかにしているからである。心配といわざるをえない。

①目標設定とその実現のための基盤整備を国の責任で行った上で、
②市区町村・学校の権限と責任を拡大する分権改革を進めるとともに、
③教育の結果の検証を国の責任で行い、義務教育の質を保証する構造に改革すべきである。

すなわち、①「目標設定」や③「結果の検証」といった改革の主導権は地方自治体や市民ではないのである。あくまでも文部科学省が握り、②で述べているように市区町村・学校はその指導の下に素直に実行を進めればよいというのである。これでは、戦後教育を曲がりなりにも貫いてきた、民主主義的な視点や制度とは、正反対である。まるで経営陣が生産目標を決め、ＰＤＣＡサイクルに従ってあたかも「自主的」であるかのように全従業員に思い込ませて実行させ、その結果責任を厳しく問う今日の企業における〝目標管理方式〟そのものではないか。

元来、公立学校の設置管理は、各地方公共団体に委ねられている。したがって、教育における管理権は地方にある。このことは教育の地方自治における原理・原則であろう。国が企業の労働者管理方式であるＰＤＣＡサイクルを教育の分野に導入することが、その原則を侵害することは、改めていうまでもない。国が地方を信頼せず、国が目標を設定し、それを各学校があたかも「主体的」であるかのように思い込まされて実行させられる。しかもそれが外部の第三者機関による評価に付され、改善を迫られるシステムとは、何という中央集権的、管理主義的な発想と構造であることか。

このように、文部科学省の文言や中教審の答申を付き合わせながら丁寧に読み、検討を重ねると、国が全国一斉学力テストを契機に、いかに国家管理型の教育を貫こうとしているのかがわかる。ここに文部科学省の本音があるのだ。

国家の国家による国家のための教育

ところが、教育現場では、全国一斉学力テストの効果に対する「期待」も広がっていた。なぜなら、中教審が次のように述べているためである。

各教科の到達目標を明確にし、その確実な習得のための指導を充実していくうえで、子どもたちの学習の到達度・理解度を把握し検証することは極めて重要である。客観的なデータを得ることにより、指導方法の改善に向けた手がかりを得ることが可能となり、子どもたちの学習に還元できることとなる。このような観点から、子どもたちの学習到達度・理解度についての全国的な学力調査を実施することが適当である（前掲「新しい時代の義務教育を創造する」）。

「到達目標の明確」化、「到達度・理解度」の「把握」「検証」の重要性を強調するこの見解そのものは間違いではない。だから、現場の教員は、意外にもこの全国学力テストに対する抵抗感が小さい。しかし問題は、それがなぜ「全国的な学力調査」、つまり全員参加型の〝全国一斉学力テスト〟の形式で実施されなければならないのかである。この目的とその達成の方法との間には、明らかに論理の飛躍が見られる。

また、教育再生会議は、２００7年12月25日に発表した第三次報告の「社会総がかりで教育再生を～学校、家庭、地域、企業、団体、メディア、行政が一体となって、全ての子供のために公教育を再生する～」の中で、「七つの柱」の第一番目に「１　学力の向上に徹底的に取り組む～未来を切り拓く学力の育成～」を次のように掲げている。なんという強圧的で、細かいことにまで口をさしはさんでいることか。まるで目先のことしか見えていない。ものごとの本質を見ようとしていない。

（1）全国学力調査、ＰＩＳＡ調査の結果を徹底的に検証し、学力向上に取り組む

・調査結果の検証に基づき、学力改善プランに取り組む
・調査結果の分析を、学習指導要領の改訂、教科書の充実等に活かす
・理科教育強化のため、教科書の改革、小学校専科教員の配置を進める

今日、学力格差と経済格差との相関関係が高まっている。たとえば東京23区における就学援助金の受給率の高低と小学5年生の国語の学力における相関係数は、何とマイナス

0・88であり、ほとんどイコールに近い状況であった（拙著『新・学歴社会がはじまる』青灯社、2006年）。新自由主義的な学校の「構造改革」を押し進めたうえに、経済格差拡大への対策を怠ってきた政府の責任は棚上げされたままで、学力育成はすべて学校の責任であるかのような決めつけ方である。

こうした提言に06年教育基本法第17条の「教育振興基本計画」が連動すると、教育は国家の方針によって今以上に上意下達が貫かれることになる。関係する地方公共団体までも構造的にこの「教育振興基本計画」に組み込まれる。そして、全国一糸乱れず「前項の計画を参酌し」（第17条2）効率よく統治されていかざるをえないのである。なぜなら、「計画」は国会での審議を必要としない単なる「報告」だけが義務づけられており、理屈上は文部科学省による絶対的な主導権だけで施策化できるからである。これでは教育再生会議の提言は、まさに、「国家の国家による国家のための教育」構想であり、その実現のための主張といっても過言ではない。

なぜ43年ぶりに復活させたのか

ところで、1964年以来、43年間も中止していた全国学力テストを、なぜいまさら復活させたのか。文部科学省は、「一定水準以上の学力をくまなく維持できているかを見るには、学校ごとの現状把握が重要だ」（高口努・学力調査室長）との見解を示している。

しかし、そのためなら何もわざわざ全国一斉学力テストを実施しなくても、すでに文部科学省も、小中高校で「教育課程実施状況調査」を２００１年度以来、数度にわたって実施し、今日の子どもたちの学力実態はかなり正確に把握できているはずである。また、国際的な学力調査には、ＯＥＣＤのＰＩＳＡ調査に3回、ＩＥＡのＴＩＭＳＳ調査には4回も参加している。これらを通して、すでに広く問題点を把握することはできているはずである。

また、多くの自治体では、独自の学力調査を実施している（市区では39％、町村では25％の実施率。東京大学大学院教育学研究科・基礎学力研究開発センター「市区町村の学力向上施策に関する調査」。２００４年末から05年1月にかけて全市区町村対象、回収率45％）。学力テストの結果については、東京都やかつての足立区のように、全区・全市、各小中学校の得点（達成率）や順位を発表している自治体すらある（２００７年現在）。

このような状況で、さらに追い打ちをかけるように全国一斉学力テストをなぜ実施する必要があるのか。その目的は実は、全国の自治体と学校を「一斉」に競わせ序列化を進めることにあるのではないか、そして、先述の通り「学力向上」を名目に、国家の意に沿うような中央集権的な教育マネジメントを確立しようとしているのではないかと疑われても仕方ないだろう。そのことを次節で、全国一斉学力テストの問題点や弊害を考察しながら検証する。

3　全数(悉皆)調査が引き起こす〝テスト競争〟

問題山積で姿を消した質問

全国一斉学力テストの実施に関しては、重大な問題が噴出した。その第一は、全国一斉学力テストのうち、生活習慣や学習環境について問う質問紙調査に関してである。２００６年の予備調査の段階では、小学6年生は92項目、中学3年生は93項目もの質問攻め。しかも、人権やプライバシーの侵害が疑われるものも少なくなかった。調査の本音がどこにあったのかを示す証拠として、予備調査の方が問題点をシャープに提示しているのであえて紹介する。

たとえば「次のことは、あなたにどれくらい当てはまりますか」として、「よく当てはまる」から「全く当てはまらない」まで4段階で尋ねようとしている。そこには、次のような質問が並んでいた。「自分には、よいところがある」「自分は、家の人（兄弟姉妹は含みません。）から大切にされている」「先生から認められている」……。

また「あなたの家には本が何冊くらいありますか。（教科書や参考書、漫画や雑誌は含みません。）」などと質問し、10冊以下から２０１冊以上まで細かく5択で答えさせようとしている。

さらに、「野球場やサッカー場などに行ってスポーツ観戦をする」「美術館や劇場などに行って芸術鑑賞をする」「旅行に行く」などに関しても、その頻度を尋ねている。

回答行為を通して、先生や家の人から認められていないこと、大切にされていないこと、また自分の生活する環境が文化的に恵まれていないことなどに気づかされた子どもはどんなに傷つくことか。アンケートというものはそれ自体が、教育的行為である点を認識していないのではないか。

そのうえ学習塾に関しても、週当たりの通塾回数はもちろん、「主にどのような内容の勉強をしていますか」などと尋ねているのである。このアンケートの回収・集計をまかされた民間教育産業にとっては、垂涎の的となる情報に違いない。

当然、内容に関する疑義が出されて、批判も起き、こうした質問項目は一部質問文を変えて残されたものの、4月24日の本番ではほとんど姿を消した（ただし、実際の質問数は小学6年生が99項目、中学3年生が101項目と増えている）。予備調査に参加した小学校の実に24％（237市区町村）もが、解答用紙に児童名を記入させなかったほど個人情報を侵害しかねぬ代物であった。

民間に丸投げした採点・集計業務

全国一斉学力テスト実施における第二の問題点は、採点・集計業務を民間企業に丸投げした点である。採点とデータ処理は、小学校はベネッセ・コーポレーション、中学校はNTTデータに委託された。企画、実施に名乗りを上げた13社は河合塾、日能研、Z会をはじめとしてほとんどが塾などの教育産業であった。この採点・データ処理は、子どもの勧誘や企業PRの基本戦略にどれほど大きく役立つことか。収益を度外視しても請け負いたい業務であろう。

これでは、得点だけでなく、「通塾」の有無や「学校の勉強より進んだ内容や難しい内容を勉強している」「学校の勉強でよく分からなかった内容を勉強している」など学習・

指導の細かなレベルについてまで、個人情報が全国規模で漏れてしまう危険性がある。また企業が利潤を上げることを目的に、これらの情報を自らの企業活動にそのまま活用することも可能だ。個人情報保護はもちろん、公正さの観点からも問題といわざるをえない。

採点実務においても、その体制のあまりの杜撰さから混乱が続出した。今回の全国一斉学力テストでは、国語・数学（算数）ともに「A」（知識）と「B」（活用）の2領域で実施された。「世界トップクラスの学力」を目指すという文部科学省にとっては、その実証はOECDのPISA調査で上位の順位を出すことなのだろう。そのために、全国一斉学力テストでは、これまでの知識中心の問題に加えて「活用」、つまりPISA調査で出題されるリテラシー力をしっかりと、事前に身につけさせようとしたようだ。芥川龍之介の「蜘蛛の糸」を読んで、80字以上120字以内で自分の考えを書かせる（中3「国語B」）など、単にペーパー上の読解力や作文力ではなく、批判的思考力やコミュニケーション力を背景とした表現力を問う問題が多く、現職の教師でも採点基準の設定や正誤の判断は難しいだろう。それにもかかわらず、3000人近い採点員の大半は労働者派遣法に基づく業務停止処分（2008年1月）を受けたグッドウィル等の人材派遣会社によって派遣された人たちだったのである。このように素人の採点員が多く問題だらけの現状では、正誤の判断にバラつきが生じることは避けられまい。

全数（悉皆）調査の落とし穴

また、調査対象すべてに行う「全数（悉皆）調査」方式をとる意味も目的も不明確である。

全数調査は、心理的影響を受けない気象や動植物など、物理的、物質的な領域では正確で有効であることは言をまたない。ところが、高い得点習得を目標とし、事前対策が可能となる学力テストのような種類の調査では、他県、他市、他校には負けまいとして、少しでも高得点を目指して「努力」し「競争」することで正確さを欠き結果に影響が出るために適さない。今回（２００７年度）の全国一斉学力テストの結果（２００７年10月発表）を検討しても、この特徴がはっきりと出ている。

たとえば、先述のように児童・生徒への質問紙調査や校長への学校質問紙調査では、以前の「教育課程実施状況調査」などの結果と比較すると、授業中の私語が少なく落ち着いていると校長が考えた小学校は90％、中学校は91％、礼儀正しいと見ている小学校は86％、中学校は88％など、ありえない数値が出ている。早寝、早起き、朝ごはんをしっかりとり、宿題や読書もやる。しかし、テレビはあまり見ないなど、努力目標の達成に努力させ、その結果、２００７年4月24日当日には、すぐれた数値を出そうとしたわけである。

つまり、児童・生徒への事前の取り組みに力を注いだり、学校の面子を考えて校長が事実に反する報告をしたのではないかという疑問が頭をもたげる。疑問どころか、作為的であることはほぼ明らかである。なぜなら、２００６年度の（校内）暴力行為のあった学校は７７１１校で約20％に及んでいる。いじめに関しても、２００６年度は、前年比６・２倍の12万５０００件である（「生徒指導上の諸問題に関する調査」文科省）。先の学校質問紙調査に校長が答えた回答が、いかにデタラメか察しがつくというものである。

このように学校の評価にかかわる調査項目では、全数調査方式の場合、必ず不正や作為が生じ、まったく見当違いの実態しか浮かび上がらない宿命を負っているのである。したがって、サンプルによる抽出調査の方が、どの学校も何の準備もせずにありのままテストや調査に臨むため、その時のありのままの学力や生活状況を「正確」に測れるし、多くの課題も発見できるのである。

国際的にみても、全数調査方式で学力テストを実施している国は、ごく少数にすぎない。ＰＩＳＡ調査で「学力世界一」とされたフィンランドはもちろん、フランスやドイツ、アメリカでも南部のほんの一部の州でしか全数調査方式は採用されていない。アメリカのテキサス州でもやはり同様の不正事件が発生（２００７年10月）していることからも、不正と作為は国を問わず、全数調査方式の宿命といえる。

安倍晋三前内閣が教育再生のモデルとして掲げていたイギリスでも、全数調査を採用しているのはイングランド地方だけで、結果は学校ごとに公表される。しかし、そのイングランドでもすでに見直す方向である。全数調査方式では、テストで高得点を獲得させるための授業内容やトレーニング主義に偏るため、恣意的な要素が入り込み、〝学力状況の実態をありのまま把握し、指導改善に役立てる〟というテスト本来の目的が果たせないことや、数年前から一斉テストの成績そのものが向上しなくなっていることなどから、「学力を見るには抽出調査で十分」と判断したようである。

全数調査が不正を生んだ〝事件〟——東京足立区の例から

２００６年４月、東京都足立区では、全区立小中学校の小学２年生から中学３年生まで全員参加体制で区独自のテストを実施した。ところが、後に内部告発により不正が発覚したのである。ある小学校では、事前に前年度のテスト問題をくり返し練習させた。さらに、校長自らが机間巡視し、試験監督中に誤答を発見すると、正答を指さして気づかせていたという。また、この行為を他の教師にも勧めたことも明らかになった。その結果、2005年度には区内72の小学校のうち44位であったこの小学校は、2006年度には一躍1位におどり出たのだ。

この事件の意味するものは何だろうか。第一には、厳正であるべき試験において、正答を間接的に伝授するという不正行為を、学校長を先頭にし、教師自らが行ったことによって、教師としての立場もモラルも喪失したことである。これでは、教育そのものが崩壊したも同然だ。

第二には、3人の障がい児の答案を集計から排除し、〝学力による差別〟を行った点である。区の教育委員会の規定によれば、事前に保護者の了解をとれば、出題文の理解が難しい児童の答案を採点から外してもいいとされている。しかしこれは、新しい「差別の思想」に他ならない。運動会や水泳大会では、どんなにスピードが遅くても、障がい児がその競技に打ち込むひたむきさに多くの人は心から拍手を送る。「普段、先生は、「差別はいけません。みんな違いがあるからすばらしいんだよ。だから認め合うんだよ」「結果や成績ではなく、そのプロセスや努力度が大切」などと力説しているにもかかわらず、こと学力テストとなると、どうして障がいのある友達が外されるのか」——子どもたちからこう問いかけられたら、教師はなんと説明するのか。これが競争を強いられない、結果が公表されない、学校選択の基準にもならない試験であれば、だれがこんな「差別」を考えつくだろうか。すべての原因は〝競争主義〟に行きつくのではないか。

第三には、得点力アップのための「対策学習」にエネルギーが費やされ、授業内容まで偏ると、本来身につけるべき学力がつかないという矛盾が生じることである。この小学校では、２００７年度にガラリと出題傾向が変更されたとたんに、1位から当初の44位をもすり抜けて、59位にまで転落したのである。得点稼ぎの陰で、本来なすべき日常の学習がいかにおろそかにされたのかを物語っている。

学校をランクづけする全数調査方式

では、このような常軌を逸した不正が、なぜ学校ぐるみで行われたのだろうか。どうして不正をしてまで順位を上げることにこだわったのだろうか。この背景には、足立区の抱える二つの事情が考えられる。

その一つは、子どもが通う学校を自由に選択できる「学校選択制」が採用されていることである。不正がおこるまでは、区独自の学力テストの結果は、各教科・学年ごとにホームページ上ですべて公表されていた。それを一つの「基準」として、学校を選ぶ親も少なくなかった。もう一つは、足立区では、テストの成績の伸び率を学校への予算配分に加味する「傾斜配分制」が採用されていたことである。この二つは、国の「教育改革」の名のもとに、足立区だけでなく今、多くの自治体が直面させられている今日的課題でもあるのだ。

当時の中山文部科学大臣は「学習面で競争する風潮を醸成したい」と述べていたが、文部科学省は、国会の論戦を通して、全国一斉学力テストの実施は、子どもと学校の序列化を図るものだとの批判を浴びた。そこで、国が公表する成績については、次の三つの場合に限るとしている。

①国全体の状況、国立・公立・私立学校別の状況
②都道府県ごとの公立学校全体の状況
③政令指定都市、東京23区、中核市、町村、へき地の公立学校全体の状況

また、特に都道府県教育委員会には個々の市町村名・学校名を公表しないよう求めてい

る（「全国学力・学習状況調査の調査結果の取扱いについて（通知）」２００７年8月23日。文部科学省、都道府県教育委員会、政令指定都市教育委員会担当者説明会議、２００７年8月24日）。

さらに、文部科学省は、市町村別や学校別の結果を情報公開として請求されても「不開示情報」として取り扱うよう求めている。しかし、２００６年6月の実施要領では、市町村の公立学校全体の結果を公表することや、学校が自校の結果を公表することに関しては、「それぞれの判断に任せる」としており、矛盾している。もし、学校ごとの結果が公表されれば、その集計により全市の公立小中学校をランクづけすることは容易だからである。

「競争」と「淘汰」という市場原理的な意図をもった学力テストは、いかに間違いであったかということを示すかのように、足立区では、区の教育委員会が「学力調査委員会」の提言を受けて、２００７年10月、その防止策として、テストの成績を予算配分に反映させる仕組みを廃止し、今後は成績による学校の順位も公表しない方針を決めた（ただし、区独自のテストは今後も続け、結果の公表は学校ごとの正答率分布などに変更し、「学校選択制の参考になるようにする」との姿勢は変えないとしている）。しかし、これでは順位付けの「作業」のみ行わないだけで、学校を序列化していることにほとんど変わりないのである。先行地域のこのような失敗からも国は学ぶべきであろう。

競争のさまざまな弊害

足立区の不正事件からもわかるように、このような全数調査方式の学力テストは、弊害のほうが大きい。

今日の日本の教育界では、経済活動における成果主義・競争主義と結びついた、学力「競争」が支配的である。つまり、競争させればさせるほど学力は向上すると信じられているのだ。

たとえ一つの方法として競争を容認するとしても、学力テストを中心とした学校間競争では、学校全体の総合的な教育力は伸びず、目先のテストの得点だけを競う訓練のための授業、つまり、「対策学習」に陥る。たとえば、「点数をとる」ために、小学5年生には3年生と4年生の計算問題や漢字の復習ばかりをやらせたり、「テストの解答用紙に書く訓練」や「過去の問題練習」「出題傾向問題のトレーニング」などに時間を割いたりすることで、本来の授業の進度が遅れるなど各地の学校で深刻な影響が出ている。

もともと足立区が2005年度から区独自で区内一斉テストを実施するに至った理由

は、東京都の一斉学力テストにおいて、同区は23区中23位と最下位であったことに衝撃を受け、そこから脱出するための「努力」であったのだ。ところが、このような「競争政策」は、これまで述べてきたような不正を必然的に生み出す。足立区の教育委員会自体、2004年度12月21日の校長会で、翌2005年1月実施予定の都の学力テスト問題用紙を事前に配布。不正はなかったとするものの、混乱と信用失墜を招いたとして、教育委員会職員10人に対して訓告処分（2007年12月27日）を下した。これは、区教委が都の学力テストで区の平均点を上げるために学校間競争をあおっていたことを考えると、「対策学習」目的の問題用紙の事前配布であったのではないかと疑われても仕方ないだろう。これは、何も東京だけの現象ではない。競争をあおれば、その必然的結果として、このような不正や「対策学習」が横行し、学校は「PISA型学力」は言うに及ばず、旧来の認知主義的な学力や総体としての教育力も弱体化させられるのである。

京都府のある市では、露骨にも全国一斉学力テストに向けて教育委員会が市内の小中学校に事前学習を行うように指示。計画書を提示させ、予備テストや各種プリントでの対策学習をくり返していた。二つの中学校では、4月10日の入学式にも予備テストを実施。始業式からテストまでの2週間、国語と数学で1週間の「帰りの会」での補習、宿題テスト・実力テスト各1回、予備テスト3回、直前には宿題とプリントの総復習まで計画したという。

教育基本法改正を受けて進められている「学習指導要領」改訂の「審議のまとめ」（2007年11月7日）では、「PDCAサイクルの確立が重要である」と述べており、「P」（企画・立案）にあたるものとして「学習指導要領」改訂を踏まえた「重点指導事項例」を提示している。その取り組みの「C」（検証・評価）の方法として、全国一斉学力テストを位置づけている。これでは学校は、文字通り文科省版の「重点指導」を基準とした〝テストのための教育〟に陥り、創造的な学力向上は望むべくもない。全国一斉学力テストに目を奪われ、すべての教育実践が、目先の得点力アップに注がれる。そのために、直面するいじめや校内暴力、学級崩壊や不登校などの克服や将来への希望を育む個を尊重した教育実践はおろそかにならざるを得ない。

問題は順位を「上げる」ことからくるこのような弊害ばかりではない。むしろ「下げない」方策は、教室の〝弱者〟を直撃し、差別を生んでいく。たとえば、不登校児には学力テスト実施に関する連絡が届けられないなどの事態が現に起こっている。子どもたちの間にも、点数をとれない子が休むと、平均点が上がるのではないかと期待するというゆがんだ人間観、価値観が広まっている。これを〝教育破壊〟と呼ばずに何と評価するのだろうか。

テストの持つ二つの役割

本来、テストは、子どもたちの課題を発見するための手段である。理解力をより高めるために、授業や指導、教育施策に生かすためのものである。最終的な目標としては、教科学習を通して、「人生を拓き、社会参加する力量を高め、しっかりと自立した市民、主権者として生きる力量を高める」ための一つの手段にすぎない。学校で実施されるテストには、授業のはじめのミニテストから定期試験まで、さまざまなレベルがある。このような「テストの意味と効果」は、それらすべてに共通したものである。結果から児童・生徒の理解度や学習状況を把握し改善することができる。

しかし、東京都のいくつかの区では、学力テストの問題さえ未公表のまま、正答率が示されるだけ。そのため、第三者がテストそのものの信頼性さえチェックできず、受験した子どもたちのつまずきをケアすることも不可能である。解答用紙が、担当の教師にも子どもも本人にも返却されず、正誤状況と得点の通知のみというのは無責任といわざるを得ない。これでは、一人ひとりの学力の向上など望むべくもない。２００７年度の第一回全国一斉学力テストの場合でも、答案用紙は返却されず、多くが11月に入ってから個票で得点結果のみ児童・生徒に伝えられた。４月実施以降あまりにも時間が空きすぎである。指導や学習方法の改善に生かしようがないことは明らかである。ここからみても、毎年、全数調査による全国一斉学力テストを行うメリットも必然性も感じられないのである。

4　これでは〝学力〟も〝教育〟も〝日本〟も崩壊する――今後の心配と危険性

日本を崩壊させかねない学力テスト

今後どんな問題が生じるか。危険性を３点に絞り整理しておこう。

（1）学校は競争にさらされ、学力による序列化と「商品化」が進む。同時に「ＰＩＳＡ型学力」は確実に低下する。

政府の進める「教育改革」の下、２００７年に復活した全国一斉学力テストでは、肝心の「ＰＩＳＡ型学力」、つまり活用力そのものが向上しないばかりか、一人ひとりの生徒や家庭まで学力向上のため生活習慣の確立など生活改善を有無を言わせず迫られそうだ。

その弊害たるや、かつて実施された1960年代の全国一斉学力テストとは比較にならないほど広範にわたり深刻さを増すことだろう。

①学校選択制の実施と重なり、テスト結果はその選択の際の重要な指標として保護者に影響を与える。集まった人数に応じて、予算配分をする教育バウチャー制などが導入されると、学校は一層市場化され、親と子に選ばれる「商品」でしかなくなる。

②テストの成績いかんによって、予算配分に〝メリハリ〟がつけられそうである（たとえば、先述のように東京都足立区では区独自の学力テストの結果により「特色づくり予算」に反映させる仕組みを作り、小学校で約300万円、中学校で約400万円の傾斜配分を実施していた）。

③学校は常に「教育振興基本計画」により文部科学省が策定した数値目標をどこまで達成したのかを、外部評価により、点検、評価されることになる。その重要な判断の要素と基準として、近い将来、全国一斉学力テストの結果が重視される可能性が高い。たとえば、宿題や読書をよくする子、朝食を毎日食べる子のほうが学力が高いとなると、各自治体や学校はまるで「国民運動」のように「生活改善」まで競い合うようになるだろう。また、全国一斉学力テストの結果とともに示された「課題等」「指導改善のポイント」に従

ったただけの、丁寧な原因や背景分析抜きの〝対症療法〟的な「学力改善運動」に駆り立てられることも懸念される。これでは自主的・創造的な学力・生活向上を望むことは難しい。

④校長、教頭をはじめ全教師は人事考課の対象となるために、これらのテストで優れた成績を修めたいと考え、子どもと向き合うことよりも、成績の数値達成偏重に陥るだろう。

以上のように、今日的な新自由主義的〝競争〟と〝選択〟の要素があいまって、学校と教師と子どもたちは、これまでに経験したことのないような学力〝競争漬け〟と〝生活改善競争漬け〟にさらされるだろう。また教師に対しては、目標管理型人事システムに適応する評価スタイルが確立され、有無をいわせない人事管理が全国の小中学校で貫かれることになる恐れがある。さらに、本来の学力を身につける授業や学習がおろそかにされ全授業が「対策学習」に偏る。そのために、むしろ「ＰＩＳＡ型学力」は必然的に低下する。

（2）子どもは「うつ」になり教師も心を病む――人間不在の教室

近年政府が先導する学力向上と生活改善（早寝・早起き・朝ごはん運動）対策は、この数年間で子どもたちのどのような変化をもたらしたのか。

第一には、夏休みの短縮、行事の削減、朝学習、土曜補習による授業時間数増や、「発展」教材の導入、大量のプリント宿題、百マス計算などによるトレーニングや小テストによるチェック、各種の検定の実施などにより、時間的・精神的な「ゆとり」の喪失が子どもたちを襲った。こうして、確実に子どもたちの学校ストレスが増大している。

さらには、本来計測不能な「関心・意欲・態度」や「心」のあり方まで評価・点数化されている。これでは子どもたちのアイデンティティーの確立にも困難が伴い、自尊感情やコミュニケーションスキルの低下は必然的ともいえる。加えて、学力向上のための生活改善と称して家庭生活にまで介入しようとするのだから、親たちもたまったものではない。

子どものうつに関する調査では、小学生の7・8%、中学生の22・8%、なかでも中学3年生では、30・4%もが抑うつ傾向にあり、それらのうち20—25%は、うつ病の可能性があると警告された（北海道大学の傳田健三准教授の調査、2003年実施、2004年2月発表。北海道の3市の小学1年生から中学3年生までの児童・生徒3331人からアンケートを回収）。「何をしても楽しくない」「泣きたい気がする」など、悲哀感が強いという。その後の同准教授らによる問診調査（2007年10月発表）では、何と中1の有病率は10・

7%というから、衝撃である。また、２００６年8月実施の厚生労働省調査では、中学生の4人に1人がうつ症状という（５６６人を調査、静岡県内のある公立中学校1年生から3年生を対象）。

一方、時間的・精神的な「ゆとり」の喪失は教師の精神状態にも深刻な影響を与えている。２００６年度の病気休職者（７６５５人）のうち、60%強の４６７５人は精神的疾患者である。10年前の3倍以上に膨らんでおり、ついに東京都教育委員会に至っては、「こころの窓を開けてみませんか」というリーフレットを全教員に配布（２００６年10月）。「こころにも休み時間を――こころに風を入れる七つのヒント」なる身近に置ける大型のカードまで手渡している。その内容は、たとえば一、まず深呼吸、好きな風景・写真を見つめて一分間　二、何事も、結論急がず「いい加減」　三、次のこと、明日のこと、考えすぎずに今は楽しく　四、職員室、出てみて少し居場所変え　五、一人悩まず誰かに話し、ひと休み　六、自信なければ相談窓口へ連絡を　七、早めに受診、上手に処方薬――などときわめて深刻である。さらに裏面には、相談窓口の電話番号が10か所も紹介されているのである。

（3）競争原理による成果主義が差別と格差を拡大・固定化させる

これまで見てきたように、今日の中央集権的な教育体制の確立を推進する全国一斉学力テストは、昨今の新自由主義の波に乗り、早期に子どもを選別、序列化し固定化することにつながりかねない。人々の意識と生活の二極化をより一層進め、階層社会への道を後押しする危険性をはらんでいる。今でさえ、習熟度別授業によって、能力に応じたコースごとの授業を受けさせ、最終的には子どもを選別する方向に進んできているのに、さらに日本の学校全体が学力テストの点数によって「構造」的に、子どもの能力を早期から分別する方向に進む危険性が高い。現実に、先述のように東京都足立区では、2006年4月に区独自の学力テストで、情緒障がいなどのある児童3人の答案を採点対象から除外した。

教育委員会が、出題文の理解が難しい子どもたちを排除するという新しいルールを作り、それに現場の教師や校長が応じる。これは明らかに、学力テスト実施が生み出した新しい差別、選別の発想であり、憲法理念に反している。全国一斉学力テストにより、こういった平均点を下げる可能性のある子の排除や差別の眼差しが全国の学校に広がる心配がある。子どもたちの間にも「平均点を下げる友達」への嫌悪感や排除の心理が働き、「差別的人間観」「序列主義的人間観」「排他的で競争主義的な、偏った価値観」を形成しかねない。

「(教育機会の均等は) 生徒・学生の個性や能力を無視した教育内容の均質化を招いた」と日本経済団体連合会が批判している（「21世紀を生き抜く次世代育成のための提言」２００4年4月)。同連合会は、「(日本経済が) グローバルに展開される競争を勝ち抜いて」いくには、「トップ層の強化」が必要であり、「個人の能力に応じた教育」という論理のもとに、これまでのように、どの子にも学力を保証する日本の学校理念やシステムを〝悪しき平等〟として切り捨てる。新自由主義的な考えが、教育をいかに変えようとしているか、その本音がうかがえる。しかし、これは60年代、70年代の工業化社会におけるマンパワー論であって、ＯＥＣＤが定義する今日のような「知識基盤社会」をキーコンピテンシーとする社会においては、まったく時代遅れである。陳腐としか言いようがない。しかし、旧来の知識型学力しか視野に入らぬ知識人や文化人、テレビのコメンテータなどの多くが、依然としてこの古い知識型学力、つまり受験学力にとらわれていることか。わざわざ「受験学力も有効だ」などという主旨の著作を出している人までいる有様である。まったく、世界の変化を知らない主張といわざるを得ない。もっとも悲劇的なことには、これら教育の専門家以外の人々だけでなく、教育再生会議を始め、中教審のメンバーに及んでも、これらと五十歩百歩の認識しか持てていない人のなんと多いことか。
全国一斉学力テストは、「百人に一人」のエリートと「限りなくできない非才、無才」と決めつけられた子どもとの分別の役割をになう可能性が大きい。

（教育課程審議会元会長・三浦朱門氏の発言。斎藤貴男『機会不平等』文春文庫、2004年）

これらの能力観や子どもの発達観しか持てないのは、日本人の知性の劣化であり、それは、いわゆる能力の低下、学力の低下というよりも、〝認識力、洞察力の劣化〟と呼んだほうがよい。

なぜ、一流の知識人までもが、「美しい日本」ということばにあこがれたり、「日本の伝統文化」というキーワードに安堵するのだろうか。それは、子どもたちや社会的弱者との人間関係を〝同時代を生きるパートナーシップ〟においてとらえるダイナミズムや勇気に欠けるからであろう。換言すれば、IT社会の中で、いかに子どもたちが隠れた成長・発達を遂げているのか、時代の創造主体たる洞察力豊かな人格に発達する可能性に満ちているのか——に確信が持てない、変化が見えないからに他ならない。だから、子どもを主役にできないし声も聴けないのである。

また、全国一斉学力テストによって、都道府県、市区町村別の学力レベルがわかれば、おそらくイギリスがそうであったように、高い学力の家庭は、低い地域には住居を構えなくなるだろう。そうなれば学力の高い地域の地価は上がり、低い地域は下落する。東京など学校選択制を採用している自治体では、すでにこのような傾向が出始めている。これは、地域間格差を伴って、全国に拡大する可能性があり、日本の地域を崩壊させかねない。つまり、たかが学力テストなのだが、これが「全国一斉」の悉皆調査になったとたん、「ＰＩＳＡ型学力」は低下し、子どもと教師を心の病に追い込み、地域破壊・日本崩壊につながりかねないことを見ておかなければならないだろう。だからこそ、世界各国では、全国一斉学力テストは廃止されているのである。

Ⅲ　学力世界一、フィンランドの秘密

はじめに

北欧諸国は、スウェーデンをお兄さん格に、それぞれの国が民主主義と人権と福祉を大切にしながら、国づくりを学び合い前進させてきた。90年代に2回私が訪問した折には、そんな憧れと好感を持ったものだ。しかし当時のフィンランドは、スウェーデン、ノルウェー、デンマークに比べると、ヘルシンキの街並みもどことなく薄汚れて見え、活気がなく、沈滞しているように感じられた。

ところが、今回（2007年）訪問してみると、別の国のような元気さに驚かされた。世界経済フォーラム（WEF）の経済の国際競争力ランキングで2003年から2005年まで連続1位を占めているだけのことはある。よく考えてみると、90年代前半のフィンランドは、それまで最大の輸出先として依存していたソビエト連邦が崩壊し、国内の失業率が20%を超える経済不況にあえいでいた。私は、当時、そんな表面的な現象しか見ていなかったのかもしれない。弱冠29歳の教育大臣、オッリペッカ・ヘイノネンを先頭に、国の未来を教育改革にかけて取り組んでいる実態など、少しも把握していなかったのである。恥ずかしい限りである。

国の命運をかけた大胆な教育改革の結果、早くも2000年には、OECD（経済協力開発機構）の第1回「生徒の学習到達度調査」、PISA調査（32カ国参加）においてトップの成績をおさめた。これにより、いきなり国際的な注目を浴びることになった。第2回目の2003年、第3回目の2006年においても、依然として総合トップを占め続けている。

このPISA調査は、I章でも述べたとおり、これまでの国際教育到達度評価学会（IEA）の、理科、数学の学習内容をどの程度習得し定着させているのかを測定する調査（TIMSS）とはまったく趣が異なっている。即ち、義務教育修了段階（15歳）において「日常生活で直面する課題に対する知識の活用の仕方」「成人後の生活に必要とされる重要な知識・技能をどれだけ修得しているか」を評価しようとする試みである。したがって、「強調点は、プロセスの習熟、概念の理解、及び各分野のさまざまな状況に対処する能力に置かれている」と説明している。つまり、学習の結果を覚えることではなく、プロセスそのものを大切にし、物事の概念をじっくり理解するという力である。換言すると、一人の市民として豊かに「生きるための知識・技能」といってもよい。

だからこそ、ＰＩＳＡ調査の２０００年の調査からは、これまでの知識の量と技術を問う理数だけでなく読解力も加わり、思考力、論理力、問題解決能力の基幹を分析できるためにより一層多くの国が注目し参加し始めたのであろう。日本で強調されているような「受験学力」ではなく、未来をひらく若者が「生きる力」だからである。

むろん、今回（２００７年）の視察は駆け足であり、フィンランドの高学力の背景を充分把握できたわけではない。しかし、不充分な中からも、目からウロコが落ちるように鮮明になったことは多い。

次のⅣ章でも述べるように、日本は２０１１年度から新しく実施される学習指導要領にしても、全く話にならないのである。国際社会が求め、議論している国全体の経済を支え、地球規模の問題解決に意欲的な生き方をする考える力など育たない学力理論であり、子ども観なのだ。

本章では、視察を通して、私が理解したり感じた主な項目をまとめて、報告したい。第一には、教育にかける国の制度について、第二には、教育理念について、第三には、一人ひとりの子どもたちに向かう学校の基本姿勢について、第四には、教育システム、とりわけ学習評価に関する競争について、第五には、教師の存在と役割についてである。これらをなるべく日本の現状に引き寄せながら考えていきたい。

1　教育にかけるフィンランドの基本的教育制度

金は出すが、口は出さない姿勢――日本とは正反対

フィンランドの教育にかける国の理念は、「教育で大切なのは機会の平等です。その基盤があって初めて世界の頂点に立てる高い水準の人材を育成することができます。教育はいわば〝投資〟です。国の競争力に関わる問題なのです」という（１９９４年から教育改革を担当した教育大臣、オッリペッカ・ヘイノネン）。したがって、全国各地の学校現場の校長から一人ひとりの教師に至るまで、１９９４年以来の教育改革のモットーは、「ひとりの落ちこぼれも出さず、国民全体の教育水準を引き上げること」だった。その熱い思い

は、かつてのヘイノネンからだけではなく、今回の訪問においても教育関係者の誰からも伝わってきて、何度も感動させられたものである。

フィンランドは、法的政府移譲の名目で充分に学校予算を負担し、教育に参加する姿勢をとっている。予算配分については毎年教育省により決定される。教育予算の平均57％を国が負担し、地方自治体は平均43％である。また各自治体の負担を平均にするため、地方自治体でも都市部の方が多くを負担し、過疎地域の自治体の負担を軽くする工夫をしている（フィンランド国家教育委員会ホームページ http://www.oph.fi/english/）。

したがって教育財政は確かといえる。GDP比で義務教育費にかける負担が3・5％とOECDの中で下から2番目の日本とはまるで違っている。ちなみにフィンランドは、05年度にはGDP比6・1％である。

日本では08年度の予算要求で、久々に文科省が教員増（主幹）の予算要求をした。しかし、小泉元首相以来、まるで念仏のように唱え続けている「聖域なき構造改革」の呪文と、それを受けた「骨太の方針」を盾に、政府は全く受け入れようとしなかった。08年度には、かろうじて千人増と非常勤講師を7千人程確保したことをもって「成果」とせざるを得ないという寒々とした教育政策である。

それればかりか、欧米に比べて、日本の教員の授業持ち時間数が少ないので、教員1人あたりの授業時間を増やせば、教員増をしなくても大丈夫であるなどといった、日本の教師個有の仕事領域の異常な量を無視した論さえ展開される有様であった。「経済財政諮問会議」の面々は、詳しくはない教育領域にまで市場原理を持ち込み口を出しながらも、金は一切出すなというのである。つまり教育を、未来を切り拓く人材育成のための「投資」と捉えることができず、スーパーの店頭に並ぶ商品と同様の〝消費〟と理解しているようである。だから、〝聖域〟を作らず、教育出費も抑えるだけ抑えよ、というわけである。

フィンランドと日本の教育にかけるお金のかけ方は、かくも真正面から対立しているのである。確かに、今日の日本経済は、90年代のフィンランドほどには落ち込んではいない。だから、逆に国の運命をかけてまで教育改革に本気になれないのかもしれない。

しかし、2008年1月の通常国会において、大田弘子経済財政相は「もはや日本は「経済は一流」と呼ばれるような状況ではなくなってしまった」と述べて、人々に衝撃を与えた。06年の一人当たりの名目国内総生産（GDP）が、OECD加盟国（30カ国）中18位まで低下したからである。何と、これは80年以降、最低の水準である。

「ＰＩＳＡ型学力」はなぜ国際競争力に強いのか

世界経済フォーラム（ＷＥＦ）が毎年発表している「世界競争力報告」によれば、先述の通り、フィンランドは２００１年にトップに立ち、次年には2位に落ちたものの、２００３年から２００５年にかけて再び国際競争力ランキングの1位となった。優れた国際競争力の要因のひとつとして、「財政黒字を維持し、効果的な教育制度を整備している」公的部門の役割が高く評価されている（フィンランド大使館ホームページhttp://www.finland.or.jp/ja/）。

フィンランドがこうして国際競争力で常に上位を占める理由としては、何よりも国家のグランドデザインがしっかりしていることがあげられる。

マキパーによれば、「フィンランド社会は、技能、知識および創造性によって構築」されており、「ひとりひとりが自己の可能性を生かして人として成長し、一国民としてコミュニティや生存するための条件の発達に貢献し、職業経験を通じて職務の変更に応じた職業的技能を身につけていけるような社会」を目指している。これらについては、後述する予定である。

また、行政計画において「フィンランドの将来は、技能とそれを活用する能力、新たなイノベーションの創出にかかっている」とし、「全国民の技能向上は、フィンランド国家が発展し、国際競争力を高める力」となることが共通認識となっているという（ヘイッキ・マキパー『平等社会フィンランドが育む未来型学力』明石書店、2007年、179〜180頁、190〜191頁）。

ところで、教育改革そのものは、1994年に開始されたにもかかわらず、わずか7年後の2001年には世界1位にまで国際競争力を高めている。これを、洞察力を重視したオッリペッカ・ヘイノネン教育大臣による教育改革の直接的な成果と判断するにはあまりにも早すぎるだろう。

しかし、国家の〝未来への投資〟として、教育をとことん大切にし、質の高い教育・福祉サービス、信頼するに足る行政を提供すれば、必然的に国民は国を支持し、女性を含めてすべての国民が教育を受け、活用し始める。そうなれば、ノキアに象徴されるような、豊かで高度な技術先進国として、将来にわたって知識集約型情報社会へと移行することも可能だ。つまり、サービス部門の大幅な拡大と活性化が期待できるというわけである。こうして、グローバル経済の仕組みの中で積極的にリーダーシップを取れるのである。

「PISA型学力」は、教育システムの働きと経済的な競争力、あるいはIT産業が求める技術革新力などが有機的に結合していることの証左であるといわれている。つまり、EUならびにOECDの経済界が求めるキーコンピテンシー、「知識基盤社会」に対応する能力の育成にかみ合った教育が機能しているということであろう。果たして、そのことが教育学的に理想かどうかは別にしても、教育が目指すべきビジョンが明確であることだ。

そして、そのビジョンの達成のためには、どういうカリキュラムが必要で、どのような教え方が適しているのかが研究され、教育政策として実現しているのである。残念ながら、日本には、この一番大切なビジョンが欠落しているのである。安易な道徳主義や「伝統・文化」や「美しい国」などといった復活調の理念に引きずられ、「未来型学力」をめざす勇気がないのかもしれない。

均等な教育の機会の提供

フィンランドの教育理念の原則は、いかなる背景の子どもに対しても〝平等の教育〟機会を施すということである。そのために、教育にかかる費用は、基礎教育から大学まで、基本的に無料である。基礎教育では教材・給食ともに無料である。ただし、高等教育では教材費のみ自己負担となっている。今、わが国で話題を集めている「給食費の未払い問題」など、生じようがない制度である。

基礎教育においては生徒の差別や選別はなく、9年間平等にすすめる。したがって、英才教育という概念はなく、学区内の学校へ通う。事情に応じて学校の選択も可能だが、その場合は、受け入れ側に充分なスペースがあることが前提となるとともに、遠い場合は通学コストは自己負担になり、学区内の場合のようなタクシー代支給などの公的支援はない。

地方自治体がその住民（市民）に教育を提供する、いわゆる公立学校とは、フィンランドでは地方自治体立の学校のことを指し、各小中学校、高等学校、職業訓練学校がそれにあたる。ただし例外として、直属の国立学校が17校ある。私立学校は基礎教育の場合、全国で約50校あり、シュタイナーやモンテッソーリなど独自のメソッドを施す学校が主である。

前述の通り、生徒の教育コストは完全に無料。日本のように憲法理念にとどまっているわけではない。現実がそうなっているのである。保護者への学校側からの金銭徴収は厳しく禁じられている。私立学校にも国からの認可によって公立同様に予算が振り分けられる。したがって、私立に通っても保護者のコスト負担はないのである。換言すれば、国民全体が税金負担により間接的に教育費を負担し支えていることになる。

地方自治体の主体性――フレキシブルな行政

日本では、２００６年12月の教育基本法の「改正」によって、国が地方に対して強大な指示、命令権を有することになった。しかし、フィンランドでは全く逆である。特にカリキュラムについては、一応国のガイドラインはあるものの、地方自治体や各学校現場の役割、自主性、主体性が強調されている。さらに、地方自治体や各学校は、その機能を継続的に改善、向上させていくことが求められている。

国全体の教育施策は、教育省が１～３年に分けての教育指針、計画、予算を決定し各学校に振り分けている。また、国家教育委員会はコアカリキュラムの決定を行い、各学校がその大枠に従い、状況に合わせながら、より詳細なカリキュラムを研究、作成している。

私が訪れたランシハルユ小学校では、科目によって時間数を増やして対応していた。また、予算・教育内容ともに地域間格差が生じないよう、国は配慮をしていた。

しかし、日本と違って、教育を提供するのはあくまで地方自治体となっている。教育省から認可と同時に予算を与えられる仕組みである。

行政は、週間の最低授業数の決定、教育法の制定をはじめ、教科科目の内容や福祉関連（カウンセラーの配置や生徒支援施策等）、生徒評価のガイドライン制定、そして全国の学校関連情報の収集などを行うことになっている。

フィンランドの教育制度について、その特徴をまとめると、
①均等な教育の機会の提供（日本は激しい学校間格差）
②無償の学校教育（日本は、高額な教育費負担）
③地方自治体の主体性（日本は国家の管理・統制型）
④公的資金による学校運営（開設）の提供（日本では、私学に見られるように私費運営）
だと指摘する声もある。

また、驚いたことに、通学距離が5キロ以上になる場合、自治体が交通費を負担するというのだ。むろん、先述の通り、学区を越えて選択した場合は、自己負担である。

カリキュラムの作成に関して

カリキュラム作成には諮問委員会があり、さまざまな専門業者が参加するほか、カリキュラム作成専門のメンバーも加わる。また、関連団体のネットワークも重要視されている。したがってカリキュラムの作成には1年半ほど要している。その後も各専門団体において審議が持たれ、10年ごとにカリキュラムは変更される。その他、大学やポリテクニクス（Polytechnics 専門大学。専門性を要求される職業の専門知識や技術を学ぶ高等教育機関）等からのアドバイスもあるようだ。

教科書は諮問委員会から教科書を作成する出版社に代表を派遣し、科目専門のチームで作成に取り組んでいる。

カリキュラム作成の際の重要な要素は、教科内容、教科に付随する文化的内容、そしてワーキングアプローチ、つまり教育方法である。それから基本的な課題と目標、科目時間数が具体的に決められることになっているとのことであった。

2 「人生のための学校」という理念

教育における直接責任の実現――現場への大きな信頼

わが国では、08年3月下旬に「告知」された新学習指導要領に関する途中の議論においては、全国一斉学力テストをテコとし、生産現場から生まれた教育とは無縁の「PDCA」(計画→実行→点検→改善)システムを機能させながら、教師の具体的な学習指導法に至るまでこと細かく国が指示する構造となっていた(「教育課程部会におけるこれまでの審議のまとめ」2007年11月7日)。今回は、前回の部分改訂を含めると、戦後7回目の学習指導要領だが、これまでの6回にも増して、国家が教育現場を支配することは間違いない。1947年教育基本法の理念的な土台であった〝教師の直接責任制〟は、06年の新しい教育基本法によって、第16条の変質に見られるようにあやうくなっている。

では、フィンランドはどうか。

先にも少しふれたように、国家教育委員会が地方自治体に対し、コアカリキュラムとガイドラインを制定、到達目標と基礎教育の主な内容を決定する。各自治体はそのガイドラインに沿って、地域の特徴や学校の特徴を引き出したカリキュラムを制定するようになっている。このカリキュラムに沿って、実際の教育活動が行われるのである。カリキュラムの作成にも現場の教師たちの意見を広く取り入れている。また、保護者も学校カリキュラムの起草や教育目標の決定に参加できる（詳細はフィンランド国家教育委員会ホームページhttp://www.oph.fi/english/frontpage.asp?path=447）。

ところで、教育省は、日本の文科省のイメージとは全く異なっている。開かれた施設で、子どもたちの意見や質問も積極的に受け入れている。その背景として見逃せないのは、現場（教師、校長、そして学校）への大きな信頼があるということである。

たとえば90年代に教科書検定を廃止し、それ以来採択は現場に任せている。むろん、日本の教育再生会議がいうような権威的、序列主義的な学校評価は行わない。

学校で問題が生じた場合には、学校の教師と生徒間の話し合いで解決を図り、もし解決できない場合には、州の学校委員会か教育委員会に問題提起する。それでも解決しない場合にのみ教育省に持ち込まれる。トラブルで特に多いのは、生徒評価に関する問題——教師と保護者間の評価に差がある場合——であるが、国でマニュアルを作成し、その際の解決方法を提示しているという。

各学校は、日本と違って裁量範囲が大きい。

国はコアカリキュラムにより最低基準を設けるにとどまり、自治体、学校に選択の幅をもたせている。そのため、各学校が独自に、それぞれの特色を生かしたカリキュラムを作成し、予算を組むことが可能となっている。現に、私が今回視察したランシハルユ小学校のように、小学校1年生から英語の授業があるという、外国語に力を入れたカリキュラムづくりなども大枠を守れば自由であった。また、教師が主体的に教育メソッドを選択することもできる。もちろん、研究会等へも自由に参加できる。

校長は、新任教師の採択などに強い権限を持ち、クラス規模、時間割も各学校で決定されている。

ところで、法律で定められた最低授業時間が年間およそ950時間とされている。これが基本となり、1年生の最低授業時間数でいえば、週19時間というように振り分けられる。ここで定められるのは最低基準なので、授業数に若干増減の自由がある。たとえば算数については、1・2年生で週に6時間最低基準が定められるが、それを1年生で週2時間、2年生で週4時間行っても、週に3時間ずつ行ってもよい。

一方、2008年3月に告知される学習指導要領によると、日本では、小学1年生の週あたりの授業時数は25時間。算数については、1年生では週に4時間、2年生では週に5時間と定められており、フィンランドよりも授業時数が多いことがわかる。

外国語を例にとると、通常小学校3年生から始まる英語の授業も、6年間の最低基準が、週8時間と規定されており、この条件を満たせば私が視察した小学校のように、1年生から授業を始めてもかまわないわけである。

国から命令するのではなく、学校で自主的に教育をさせる。各学校でテストを実施、その評価を参考に国が助言をする。あくまでノーランキングで、学校をランク付けして発表し競わせることはしない。

いつでも、自由に学べる――「人生のための学校」

かつての若き教育大臣ヘイノネンは、教育は、経済的成功の手段ではなく、「個人としての資質を伸ばし、人としての成長に価値を置くべきであり……人の資質、人間の成長に集中すれば、経済的な成功はあとからついてくる」「経済成長だけに集中すべきではありません。……教育と人間の成長に集中」（『オッリペッカ・ヘイノネン「学力世界一」がもたらすもの』NHK出版、76頁）すべきだという。さらにラテン語の格言を引いて「人は学校のために学ぶのではなく、人生のために学ぶ」と強調する。

このような教育目的にしたがって教育制度は整えられている。つまり、全員が同じ基礎教育からスタートするものの、基礎教育以降の選択は自由であり、柔軟性に富んでいる。子どもたちにとって早期に進路決定することは容易でなく、また進路の変更も起こりうる。そのためにも、たとえば基礎教育の後、訓練学校へ進学し就職した後でも成人教育の場を準備し、学ぶ機会を設けているのである。

日本のように高校や大学進学、あるいは最近のように私立中学受験が人生の方向を決定づけたり、自分は格差社会のどちらの側に入りそうかと案じさせたりするような選別と差別化の機能を持っているのではない。フィンランドでは、進学や学校選びは、あくまでも〝生涯学習〟の一環であり、一つのステップにすぎないのである。いつでも、どこでも無料で学べるのである。日本のように「入口」で勝負する必要などない。

ところで、義務教育は7歳から9年間の基礎教育が当てられている。9年生は、日本の中学3年生にあたる。基本的に対象児は全員入学している。一部少数ではあるが、6歳または8歳で入学する場合もある。早期入学の場合、テストで能力を判断する。逆に、就学前教育の延期が図られ様子を見る場合もある。今後は、このような入学年齢の柔軟化が予

表 3-1　フィンランド基礎教育の特徴

・無償教育（テキスト・給食を含む）
・９年間の総合カリキュラム
・地域の学校における教育
・no degree；シラバス修了によって与えられる卒業証明
・後期中等教育への進学必要条件の提供
・ほぼ全員が基礎教育（総合学校）を修了
・ドロップアウトや留年が少ない
・学校や保育園での修学前教育
・基礎教育を修了した生徒の１年間延長教育（10年生）への自由参加
・地方自治体も放課前・後自由活動を提供できる

出典　「フィンランド基礎教育の特徴」フィンランド国家教育委員会ホームページ
http://www.oph.fi/english/page.asp?path＝447,4699,4847を参考に作成

想されるという。

また、進路をなかなか決定できない子どものために、10年クラスも準備され、約3％がこのクラスへ移行して、自分の進路をじっくり考えることもできるのである。なんという、子ども本位、子どもに寄り添った発達中心主義であることか。驚かざるを得ない。卒業試験は行われず、コアカリキュラムの到達水準を達成すれば、卒業が認められる。教員が評価し、その評価を元に進学先が決定するのである。

フレキシブルな進路選択

2003年の調査によると、基礎教育を修了した生徒の約94％がその後、後期中等教育に進学しており（高校56％、職業訓練学校37・8％）、後期中等教育の修了は生涯働く上で、または学んでいく上での最低必要条件と位置づけられている。

職業訓練学校で資格を得ながら、高校の卒業試験を受けて大学へ行くなど、両方の学校で学ぶことも可能である。

高等学校は無学級制で、必修科目と自由選択科目のうち最低75単位が卒業要件となっている。自由選択科目は最低週3時間の提供が義務付けられており、全単位の3分の1にあ

表 3-2　フィンランド後期中等教育の特徴

	普通高校	職業訓練学校
入学資格	基礎教育のシラバス修了/全国統一の出願システム	
対象年齢	16-19歳（事情により成人でも後期中等教育を受けられる）	
選抜方法	基礎教育時の成績による選抜	基礎教育時の成績＋労働経験の考慮も
目的	大学での高度教育	労働生活に必要なスキルの獲得
学習内容	個別の学習過程	企業でのOJTの機会拡大，徒弟制度の展開
その他	最短2年，最長4年での課程修了が可能	徒弟制度による実習や能力試験も卒業資格に考慮

出典　「フィンランド後期中等教育の特徴」フィンランド国家教育委員会ホームページ
http://www.oph.fi/english/pageLast.asp?path=447,4699,4840,4845
を参考に作成

たる。授業は45分間で1コース38時間。また同様に、地方自治体が提供する科目もある。校長が、全体のワークプランを立て、各生徒が自分のカリキュラムを作り、最終的に大学入学資格試験を受験する。試験科目は合計4科目。国語以外は選択科目。物理や数学、英語等を選択できる。通常3年間を目安に自由にカリキュラムを組んでいくというが、最終的には3〜4年のプランになる場合もある。4年で必要単位が取得できない場合、面談等を重ね、校長の判断で卒業を許可している。また、状況により、夜間高校（成人高校）や通信教育への移行を促す場合もあるという。日本のように選別されるための学校ではなくて、自分の「人生のための学校」であり、学びである。

職業訓練学校ではさまざまな資格、国家資格の取得が可能である。実習による資格取得も可能で、通学せずOJTのみでも、職場の証明書を得れば卒業が出来る。

約3年間でOJTによる20単位以上の取得が定められている。職場で実際に働く、もしくは徒弟制度で技術を身につけながらトレーニングするという。

財政が厳しい小規模の地方自治体同士は共同し、地方自治体連合として学校を設置する場合もある。むろん、予算は国と地方自治体から出される。

表 3-3　フィンランド普通高校の特徴

・入学資格は基礎教育のシラバス修了のみ（comprehensive school）
・普通高校の生徒の選抜は基礎教育時の成績による
・全国共通のアプリケーションシステムにより出願される
・普通高校の学習は，主として，大学教育における高度なレベルを目指す
・個別の学習過程
・３年間計画のシラバス
・最短２年，最長４年での課程修了が可能
・16–19歳の生徒を対象
・事情により，成人でも後期中等教育を受けられる
・対象年齢の半数以上が普通高校課程を修了

出典　「フィンランド普通高校の特徴」フィンランド国家教育委員会ホームページ
http://www.oph.fi/english/pageLast.asp?path=447,4699,4840,4845
を参考に作成

表 3-4　フィンランド職業訓練学校の特徴

・入学資格は基礎教育のシラバス修了のみ ・自治体は主に全段階の学業到達度に応じて生徒を選抜するが，入学試験や適性検査を課し、出願者の勤務経験を考慮する可能性もある ・全国共通のアプリケーションシステムにより出願される ・学習の目的は，主として労働生活に必要なスキルの獲得である。さらに 3 年間の学習により大学やポリテクニクスでの従事に見合う一般的な適性を与える ・学習を通じた個人的な成長の機会の向上 ・卒業資格は，職業学校への進学，もしくは徒弟制度による実習，または能力試験によって与えられる ・Targets for development：学校教育における企業でのOJTの機会拡大，徒弟制度の展開 ・2006年以降，職業学校卒業と同等の水準に到達したことを示す能力試験の一環として，労働スキルデモa vocational skills demonstrationを導入する

出典　「フィンランド基礎教育の特徴」フィンランド国家教育委員会ホームページ
http://www.oph.fi/english/pageLast.asp?path=447,4699,4840,4843
を参考に作成

入学準備と教師負担減を兼ねた就学前教育

日本でも早期教育が盛んだが、フィンランドでは、近年プレスクールが急速に拡大された。しかし、日本のそれとは意味も位置付けもずいぶん異なっている。紹介してみよう。

基礎教育では、入学への準備として無償で就学前教育を行う。現在約98％もの6歳児が参加している。入学へのプレッシャーが背景にあると考えられる。しかし、子どもの能力に大きな差が生じると、小学校で教師の負担が増えることから、２０００年に全国的に就学前教育の内容統一が図られた。もちろん、誰でも参加でき、自治体には就学前教育の提供の場の設置が義務づけられている。

就学前教育は、保育所や学校で実施されている（15％が学校、それ以外は保育所）。学校で実施する際は、グループまたは1、2年生のクラスに参加して行う場合もあるという。勉強ではなくあくまでも遊戯、遊びを基本にして発想力や論理力を鍛えようとしている。また保育所の雰囲気で行われている。学校と同様に保護者の参加を求め、共同で進められているのも特徴である。

この就学前教育の主な目的は、小学校入学への準備である。そのために、学校のように科目を独立させて教えるということは一切ない。プレスクールでは、算数や環境問題、哲学的な問いかけ、論理力、批判的思考力、発想力、表現力、コミュニケーション力を「遊びの中で」学んでいくのだという。

子どもの個性を重視し、積極的に学ぼうという姿勢や集団意識の習得を目標に掲げ、本来子どもたちが持っている能力を基本にしながら進めるのである。また形式ばったプランニングなどは行わず、グループの実態と特徴をじっくり見ながら進めている。

学校と同様に評価は一切行わず、各個人をよく観察し、運動機能や情緒など総合的に発達状態を見極めていく。調査結果は、進学先の小学校の教師に伝えられるという。

3　一人を大切にし、本気で学力と進路を保障しようとする

少人数教育と補充学習による徹底した底上げ教育

さて、これまでフィンランドの教育制度の特徴について、日本と比較しながら、私が視察した時の国家教育委員会（Mr. Leo Pahkin）の説明をもとに述べてきた。

しかし、フィンランドの学力世界一を支えているのは、すぐれた教育制度のおかげというよりも、教育は未来への〝投資〟ととらえ、歴史的ともいえる財政難の中だからこそ、

国家存亡の危機からの脱出を、明確に教育にシフトして歩み続けた〝熱い思い〟の力に他ならない。教育を政治の道具、つまり選挙で票を集めるためのチャンスとみなし、金は出さずとも口ばかり出してきた日本の〝ビジョンなき教育改革〟とは全く異質である。

「わたしたちは、教育の機会の平等がなければ教育の質の向上は不可能だと考えています。平等を保障する制度は、フィンランドの教育制度の礎となるもっとも大切な原則です。質と機会の平等は矛盾するものではなく、片方が片方を可能にするものなのです」（オッリペッカ・ヘイノネン元教育大臣）とはまさしくその通りである。

日本で文科省が実施した全国一斉学力テスト（２００７年４月）によると、少人数学級と学力の相関関係の有意差は出ていないという。しかし、国内の他の研究調査や海外の研究では、その効果は明白に実証済みである。フィンランドでも、１クラスの人数は25人と決められているが、実際には20人未満の学級が多い。このような少人数での授業と、もう一つは、少しでもつまずくと、すぐに〝補充〟学習を行うのが特徴である。

フィンランドでは、学習に困難が生じた場合、即座に特別支援教育として通常の学級内で補習的な指導（「補充学習」remedial teaching）が行われている。誤解しやすいのだが、日本でいうところの「補習」とはかなり違っている。厳密に言えば、弱点補強と習熟補強のための〝充実教室〟とでも表現したほうが正確である。基礎教育段階では、国全体で平均約2割の子どもたちがこの補充学習を受けているとのことである。視察したランシハルユ小学校では、２００６年の児童の約半数（４６４名中２１６人）もが実際に何らかの特別支援教育（補充授業）を受けたと校長は説明してくれた。

全土で特別支援教育に力を入れており、1、2年生の低学年で重視して行っていた。つまずきの早期発見によって、その後の問題発生を最小限に抑えることができると考えられているからだった。とてもわかりやすい理屈だと思った。

視察したランシハルユ小学校においては、なるべく少人数で授業ができるように、補充学習組とそうでないグループとを分けて、登校時間を1時間ずらして授業を行っていた。

それでもまだ落ちこぼれそうな子がいると、スモールクラスに入れたり、マンツーマンに近い体制をとったりして、わかるまで丁寧に習得させていた。これらに必要な教師は、校長裁量で採用できるようになっている。義務教育課程であっても、とにかく留年をさせてでも、基礎学力を身につけさせる、〝結果平等〟の教育、つまり一人の子どもの成長に責任をとり切る「習得主義」の立場をとっているのだ。日本のように6年間履修すれば、勉強ができなくても、集団のルールが身についていなくてもとにかく卒業させ、中学校に送り込む発想とは〝本気度〟において、国も教師も全く異なっていた。日本でも学力保障に本気で責任を持つのであれば、留年をも辞さぬ決死の覚悟が必要ではないか。学年主義（履習主義）によるトコロテン式の修了や卒業の構えを見直す厳しさがほしいものである。そうすれば、本気で条件整備をして、一人ひとりの成長を保障しようとするのではないか。外部の塾にお金を払わせて生徒をゆだねるなど無責任もはなはだしい。

「教え」から「学び」へ学習観の転換

フィンランドは、特に子どもが自分の力を信じて、自ら考え、答えを見つけだせる人間に育ってほしいと願いつづけている。日本でももちろん「自ら考える力」を大切にしようとはしているのだが、国づくりや子どもと大人の関係性のビジョンも実践もないために失敗をくり返している。

フィンランドでは主に低学年で、図書館の利用法や読み書き、計算の基礎など「学ぶ手法を学ぶ」時間を設け、情報収集技術を身につけさせる実践を、例えばランシハルユ小学校では力を入れて実施しようとしていた。ある意味では、「ＰＩＳＡ型学力」と同一といえる。このあたりにも、フィンランドが好成績をあげている秘密が隠されているようだ。

心理学者のチクセントミハイのフロー理論を取り入れ、どの子にもモチベーションを維持し、高めさせる努力と工夫をしている。

私はこのフロー理論については、さらに詳しい説明を求めた。フローとは、チクセントミハイによれば「全人的に行為に没入している時に人が感ずる包括的感覚」（『楽しみの社会学』今村浩明訳、新思索社、２０００年）とのこと。つまり、端的にいえばなにかに熱中している状態のことである。

それを可能にするためには、①明確な目的、②専念と集中、③自己意識感覚の低下、④時間感覚のゆがみ、⑤能力水準と難易度のバランスなどがあげられる。チクセントミハイは「人々が行為の機会を自分の能力にちょうど適合したものとして知覚した時、フローは経験される」と指摘している。

フィンランドでは、これまで述べてきたように学力低位者への徹底したケア体制（補充学習）をとることによって、「学力の底上げ」を果たしてきているのだが、実は、学力上位層もドイツやイギリスなど、エリート教育に力を注ぐ国よりも上位であった。ドイツがフィンランドに衝撃を受けたのはとくにこの点であったと言われている。その秘密に関して、私も「なぜ低位層に重点を置いてきたのに上位層まで成績が良いのか」と質問を重ねたところ、先のMr. Leo Pahkinは、このフロー理論がその背景に潜んでいるのだとうれしそうに目を輝かせた。つまり、日本のように出来る子をよりすぐって、習熟度別授業を行ったり、進学塾にあずけたりして、より上位の学力へ導こうとしているのではない。学ぶ意味がわかり、主体的に問題解決への意欲を湧かせ、さらにその解決への情報収集や分析のためのスキルや学習スタイルを獲得さえしていれば、学力上位者のモチベーションは、その力にふさわしい質で磨きがかかり、主体的に伸びていくのだと力説するのであった。

私は、このフロー理論の説明に納得させられた。私自身の中高教師時代（22年間）の実践を通しても、それを強く意識させられていたので、わが意を得たりとうれしくなったものである。

学びやすく入りやすい大学

フィンランドの大学入学資格試験は、春から秋の3期、約1年半にわたり実施され、結果いかんでは再試験も受けられる。また職業訓練学校の生徒も受験でき、入学資格を得たものは大学もしくはポリテクニクス（専門大学）への入学が許可される。科目は外国語、歴史や物理（論文形式）、数学である。

大学入学資格試験は、このように3期にわたり試験を実施するため、都合に合わせた時期に受験できる。外国語はリスニングとライティング、文法に関するもの。歴史や物理などではエッセイを書くという。数学は二つのやり方があり、計算問題と文章問題。容易なものや難易度が高いもの。分析・解析。そして理論的なものである。

実施期間は2週間半。希望すれば1日、6時間での終了も可能と、あくまでも受験者サイドに立っている。支援する姿勢がきわ立っている。

学校同様に卒業資格を得られるホームスクール

フィンランドでは、法律で保護者が子どもに基礎教育を受けさせることが義務づけられている。怠った場合は親が罰金を払う。しかし、学校に通学せず、家庭に拠点を置いて学習を行うオルタナティブ教育の形式のひとつであるホームスクーリングが認められており、一定の水準を満たせば卒業資格が得られる。生徒数50万人のうち、200から300人がホームスクーラーである。

したがって、理屈上、フィンランドでは不登校ではなく、ドロップアウトが問題視されており、約1％存在する。そのうちの半分が、その後成人教育に移行し勉強を続けているという調査結果がある。後の半分は今のところ不明とのことであった。

たとえ、学校教育からドロップアウトしても、その後の成人教育が、それも無料でいつでも受けられるという制度が、この国の〝生涯学習〟を大切にし、教育にかける意気込みを示している。日本のように、教育を金儲けができる企業としてとらえていないのである。くり返しになるが、教育は〝未来への投資〟と考えているのだ。原則的理念として、日本も大いに取り入れる必要があるのではないだろうか。

4　競争も通知表も廃止

学校や「子ども時代」の重要性への深い意識

日本では、２０００年以降学校の中にまで数値目標に基づく成果主義が急速に導入されてきた。Ⅱ章でも述べたとおり、多様であるはずの学力までもが、当然のことのように全国一斉学力テストという一つのものさしで測られ、しかも県、市、学校ごとに競争させられようとしている。企業の生産現場に適用されているＰＤＣＡという労働者管理モデルが、学力向上対策にまで適用されているのである。

いじめや不登校まで、5年以内に半減とか、何割削減などと数値目標が提示されている。その遂行のために教師も校長も競わされるのだ。

一方で、生徒指導まで寛容さゼロの「ゼロ・トレランス」方式が導入されている。違反行為の点数によって、各種、各段階のペナルティが加えられる。問題を起こす子どもたちの心理的な背景や家庭環境、成育歴など原因はどうでもいいのだ。これも生産現場における商品管理の思想と方法にすぎないのであり、教育には全く向かない。

ところが、フィンランドは、まるで違う。フィンランドではどの人も、子どもへの穏やかで優しい眼差しを持っている。

その優しさとは、端的に言えば、社会全体が福祉社会として機能する環境から派生しているようだ。それにもう一つ、大人が子どもに民間伝承を物語ってみせる文化性、創造性の豊かさと伝統の力の影響がありそうだ。このようにして、子ども期を、とても大切にする社会である。読書好きの子どもが多く、図書館の数や読書量は日本の子どもたちとは比較にならない。だから「読解力が高い」などとする説を見かけることが多いが、これも一面的な理解だろう。

ところで、フィンランドでは伝統的に、学校はとても重要であるという深い意識があり、親から子にそういう意識が伝えられる。学校に通うことが人生を成功に導くという考えが浸透している。

同様に、幼児期も非常に重要と考えられる。学校に行く前の幼児期はなるべく子どもらしく過ごしてほしいという意識が高い。6歳入学ではなく、7歳入学を決定した背景には、そのような意識が影響している。

テスト結果ではなく、目標到達が第一の目標

フィンランドでは、テストのためのテストはしないばかりか、点数だけで評価することもしない。とにかく「小学校6年間を通して、一度も通知表はつけませんよ」という説明には、びっくりさせられた。

その理由《わけ》は、テストの結果が大切なのではなくて、設定された目標をクリアできたのかどうかが問題なのだ。だから、フィンランドの人々は意味のない競争は嫌う。成績表は、1年生〜7年生までは、数字や記号の評定ではなくコメントで示し、数値は記入しない。あくまでも目標に到達することを最重視するのである。ラインを引いて、目標を立て、それに向かって生徒が進んでいくにはどのように支援するかは各教師が考える。子ども一人

ひとりに異なる目標があるのである。教師はコーチの役割だという。

国家教育委員会を訪問した折に、「子ども同士を競争させると早く上達するとか、学校同士を競争させるというケースは本当にないのか？」とたずねると、即座に「ないと考えている。親たちは、比べない。目標に到達できればよい。1年生から7年生までは、コメントでよくできた、できないと表記する。8年生からは進学のことがあるので数字で表示している。できれば、他の生徒と比べての評価もしている。各自で自分がどれだけの努力をして、自分はどれだけ進めるかという目標を持っていると、どれだけの評価を教員からもらえるか、自分でも大体わかる」との説明であった。ということは、社会全体がいかに教師を尊重しているかということの裏返しでもある。

フィンランド・メソッドの力

フィンランド・メソッドとは、簡単に説明すると、①発想力②論理力③表現力④批判的思考力⑤コミュニケーション力の五つの力を、マインド・マップ（英国の学術ジャーナリストであるトニー・ブザンが考案。人間の思考は、脳のシナプス（神経細胞間の接合部位）のように放射状に広がっており、この脳の働きに近いアウトプット法をとることで脳を最大限に活性化できるとする考え）を用いて一気に獲得させようとするものである。もちろん、教科としては、国語教育の領域のメソッドなのだが、単なる読解力の養成レベルにとどまらず、精神的自立の力や、社会性、集団性を鍛え、いわゆる〝生きる力〟を形成する上でも、楽しく遊び感覚で身につけることができるすぐれたメソッドといえる。

とりわけ、保育園児から大学生まで同じメソッドで、これら五つの力を楽に獲得できる点が、すぐれているといえよう。後述する日本の「新学習指導要領」（２０１１年度実施、２００９年一部前倒し試行）の弱点である分離した学力のとらえ方や、それをパッチワークのようにつなぐ学力の構造論ではない。マインド・マップを活用して、一点突破方式で学力の全体知をはね上げるための〝環〟とも呼べるシステムである。

フィンランド・メソッドの普及を精力的に展開する北川達夫北欧文化教育総合研究所所長、フィンランド・メソッド普及会会長によれば、このメソッドは、基礎と応用に分けられる。まず、基礎力として、発想力、論理力、表現力の養成を行う。氏は、①「「言いたいこと」を思いつかなければ、コミュニケーションは始まりません。まずは発想力を身につけましょう」②「言っていることに筋が通っていなければ、どこの誰にも通じません。話の筋を通すために必要なのが論理力です」③「言いかたが悪ければ、「言いたいこと」

は伝わりません。表現力を磨いて、相手に伝わる言葉を見つけましょう」(『フィンランド・メソッド入門』経済界、25頁)と解説している。

グローバル・コミュニケーション力に発展させるための応用力として、④批判的思考力が位置づけられる。これは「相手の言いぶんにも一理ある。自分の言いぶんにも問題がある。それを認めるところから、コミュニケーションは始まります」⑤コミュニケーション力の養成に関しては、「発想力・論理力・表現力・批判的思考力——すべてを駆使して、グローバルコミュニケーションを目指しましょう」(前掲書同ページ)と呼びかけている。

読解力だけでなく、自分が物語を作る際にも構想力として発展するという。

「基本的な質問事項」から「物語に書かれている情報」を書き込み、「枝」を伸ばし、「物語の細かい情報や、自分の解釈を書き込んで、さらに枝を伸ばして」(前掲書)「物語に書かれていないことは色を変えて区別」したりしながら、図を完成させる。第1段階では、「いつ・どこで・なぜ?・どうやって・それから・どうなった」などの基本的質問事項に始まって、例えば「桃太郎」なら第2段の「むかし、むかし」「イヌ・サル・キジの助けをかりて」「鬼が島へ」などの情報が書き加えられ、「むかし、むかし」とは「400年前」だとか「鬼が島」は「瀬戸内海の島」などの自分の解釈がつけられていく。

確かに、このような方法で分析力を鍛えていれば、物語力、作文力は向上するに違いない。

「ミクシ？（どうして）」が育てる力

フィンランドの保育園を訪問した際、私は、マインド・マップ方式は保育園でも採用、実践しているのかと尋ねた。すると、驚いたことに、

「つい、先日も〝水〟をテーマにやったところですよ。――たとえばね」

と、園長はニコニコしながらその実践を紹介し始めたのである。

その実例とは、

「〝水〟って聞いて思い浮かぶことは何？」

まず保育士が、いくつかのグループに分かれた子どもたちにこう問いかける。

すると「冷たい」「大好き」「飲みたい」「気持ちいい」「キライ」「泳ぎたい」「大切なもの」「流れる」などと、子どもたちは次々と頭に浮かぶことを発表する。

と、すかさず「ミクシ？」（Miksi?）と発問。ミクシとはフィンランド語の「どうして？」という意味である。とにかく、フィンランドの教師たちは、口グセのようにこの

「ミクシ？」をよく口にする。友だちの発表に対して、子ども同士も「ミクシ？」を連発。グループ内でのディスカッションでもこれは必須単語となっている。

ここまでの2段階を分析的に解説するとこうだ。

最初の「何？」の問いかけに対して、子どもたちは、各々の体験を踏まえ、イメージ豊かに「発想力」を働かせながら、答えを出す。どれも正解だ。

これに対して、「どうして？」と理由を尋ねる。この作業そのものが「批判的思考力」を鍛える。とくにグループ内での話し合いや、子どもが「どうして？」と発問する行為は、単なる思考力のトレーニングというよりも、何かを生み出す「批判的」なそれを鍛える。これは、現状を変革し、革新していくために欠くことができない力の一つだ。これに対して、子どもたちは、「だって、夏にプールでおぼれそうになったから水は〝キライ〟」とか、「温めるとお湯になってしまうから水は〝冷たい〟」とか「汗をかいた後で飲むと〝気持ちいい〟」などと、答える方は必死である。論理的思考力をフル回転させて答えようとする。また、いかにプレゼンテーションをするか、つまり表現力豊かに説明、説得できるのかが試される。

こうして、単なるトレーニングやロールプレイを通した心理操作としての技能の習得ではなく、結果としてコミュニケーションスキルが子どもたちに身につくのである。多言語・多文化圏の子どもたちの中であれば、グローバル・コミュニケーション力もアップするというものである。

前述の「桃太郎が鬼退治をした」話など、日本の昔話であっても、基本的には同様の五つの力が形成されるはずである。

「ミクシ?」「ミクシ?」を連発しながら、批判的思考力や論理力、表現力、コミュニケーション力をトータルに形成していくのだ。保育園段階からゲーム感覚で採用すれば、今まで述べてきた五つの力がいつの間にか身につく。メソッドとしてきわめて卓越しているといわざるを得ない。

このようなメソッドも持たないで「百マス」計算や漢検、英検などに傾斜していく日本の私たちは、なんと単純なのだろうか。それこそ論理的な〝学力不足〟に陥っていないのだろうか。

5 「社会のロウソク」としての教師

社会から尊重される教師――教師は憧れの職業

フィンランドでは、教師は大変尊敬されており、30～40年前の日本と同じように人気職業の一つである。昔から「社会のロウソク」とたとえられ、教師は知性と教養において、社会を照らす先導者として見られてきた。

大学の教員養成コースには、例年4000人～5000人が申し込み、入学できるのは700～800人。そのため、教師になる時点でかなり選別されている。教員資格は国家で定められているため、ある程度教員養成の教育内容が決定されていくが、その教育内容に関しては大学に自由な裁量権がある。

教職のなかでも、基礎教育の学級担任は非常に人気があり、狭き門になっている。採用試験は2日間に渡り、1日目は理論、2日目は実技能力が測られる。

教師は大学で高度な教育（修士課程修了）を受けており、専門職としての自主性とプライドがある。教材、教授法などの選択は自由で、教科書検定もなく、教科書を利用しない場合もあるという。そのために、質のよい教科書はより広く、多く利用されることになるので、結果的に教科書を作成する出版社では、競争が激しくなり、質の向上につながっているという。

教師の給与は一般企業より2割くらい安く、決して恵まれているとは言えない。日本の教員給与よりも、やはり2割ほど安いようだ。

さらに、私が知りたかった教師の労働環境等について、国家教育委員会の答えは以下の通りであった。

Q1、専門職として能力向上のためのシステムは？

―法的には年に3日は最低基準で、各自いろいろな研修に参加するが、夏休みには原則行かない。大学の公開講座などに参加することもある。

Q2、平均的な小中学校の年間総授業数は？

―最低時間数は決まっているが、現状では地方自治体の財政状況に添った形になっている。38週×最低授業数。先生方の休みは結構多い。秋休み、クリスマス、イースターなどがあり、さらに夏休みは、6月から8月まで。

Q3、休暇期間、日本では先生に研修など課されるが、フィンランドではどうか。

—研修というのは規定で年間3日間が義務づけられている。通常学期中の土日に当てる。基本的に夏休みは休み。給料は支払われる。学校はその間閉鎖することが定められている。一般の職業人の夏期休暇は約4週間。

Q4、教員の評価は行われているのか。

—ない。

Q5、教員会議などで、学校の方針を生徒と協議などして決めるのか。先生方の決定だけで決めるのか。それとも校長が決めるのか。

—もちろん、協議する。校長も校長でありながら、同時に生徒に授業を教えている人もいる。また、以前教師だった人などいろいろな人がいる。そういう会議の場合は、ボスというより教員の立場で参加している。

Q6、校長は誰が選ぶのか。

—地方自治体が任命する。

Q7、決定するのは教育委員会か。地方の方も入っているのか。

—そのとおり。

全体として、徹底して教師を信頼しており、「現場にまかせ」「いい意味での民主的リーダーシップを発揮する校長」の下に運営されている学校像が浮かび上がる。

日本のように、教師を研修で縛りつけたり、がんじがらめの教科書検定や細部にわたる学習指導要領を守らせるのではない。日本は、まるで逆の方向に向かっていることがわかる。これらの点も、それこそ読解力を駆使し、活用力を働かせて学び取る必要があるだろう。

子ども、親に関する問題の増加

ところで、近年、日本では「モンスターペアレント」問題で学校現場は揺れ動いているが、フィンランドではどうだろうか。

フィンランドでも、やはりここ10年20年ほどの変化として、落ち着きがない子どもが増えてきたという。また、保護者の変化として、学校とは関係ない個人的な問題を抱えた親が、ストレス発散のような感じで、学校にクレームをつけてくるなどの例が増えたということであった。

これらの遠因には、近年フィンランドにも大きな影響を与えている、新自由主義が影響しているように思われる。しかし、これだけ親の学校参加や社会全体で支え合う文化や思想がゆき渡っていれば、その悪影響も最小限にとどめたり、逆に、それらを長所として生かし切る教養や知恵を国民ぐるみで発揮するスキルも有しているような気がする。

国家として歩むべき、そんな確かな指針をしっかりと掲げているように思えた視察であった。

フィンランド人は自国の教育力をどうとらえる？

日本で初めてフィンランド人自身が書いた『平等社会フィンランドが育む未来型学力』（ヘイッキ・マキパー著、明石書店、２００７年）は興味深い。日本のフィンランドセンター所長である氏によると、フィンランドの教育力を支えているのは、次の13の特徴であるという。

①「教えること」から「学ぶこと」への転換と通知表のない小学校
②子ども参加の学校づくり

③休暇がいっぱいの学校生活
④少ない授業時間に通学時間制限
⑤学校と家庭の協力効果
⑥義務教育から大学院まで完全無償
⑦地域間格差のない学校教育
⑧競争と差別のない平等な教育
⑨教師の専門性の高さ
⑩学校が社会参加を育む
⑪自治体ごとに運営される教育制度
⑫学校委員会の活動
⑬就学前教育制度

これらに対して、日本では徹底した注入と訓練主義的な方法に力を入れている。夏休みの短縮や2学期制まで導入して授業時数を増やしている。さらに、全国一斉学力テストを導入し、ＰＤＣＡサイクル（計画→行動→点検→改善）をテコとした「競争」と、学校選択制や序列化による「淘汰」によって学力を上げさせようとしている。涙ぐましい努力ではある。

しかし、残念ながら地域や親の支持は期待するほどは得られていないし、効果も上がっていない。むしろ、親たちは「モンスターペアレント」と化し、政府や行政は、医師や弁護士、警察官OBなどからなる「学校問題解決支援チーム」で正面から、対症療法的に対抗しようとする有様である。

このように、日本の教育は今、すべての領域において、フィンランドとはまるで逆の方向へ向かおうとしているようだ。

こうしたなかで、勉強のできる子だけを集め、夜間、学校施設を使って有料の塾を開講。指導は進学塾に丸投げし、「受験学力」を上げ、「一流高校」への合格を目指すという公立中学校まで登場した。これは、「天に唾する」に等しい公教育の自殺行為であろう。

日本の教育は、本当にこれで大丈夫かという不安に襲われる。「PISA型学力」がつかないばかりか、大切な批判的思考力や深い洞察力が育たず、日本人が、際限なく劣化していくように思われてならない。一刻も早く、全体知と洞察力に富んだ展望を持ちたいものである。

Ⅳ　学力問題「六つの謎」

はじめに

これまでⅠ章では、PISAの結果から何を教訓化すべきか、Ⅱ章では、全国一斉学力テストが、学力の向上どころか低下させる必然性について、さらにⅢ章では、フィンランドはなぜ学力世界トップなのか、その背景について、教育理念や制度、現場の実践紹介などを通して考えてきた。

これまでの論述を通して、大きな問題点についてはかなり鮮明になってきたのではないか。

そこで本章では、よく話題に上る学力問題の論点について、「六つの謎」に絞り込みコンパクトに整理したい。同時に、それらに対する回答として、基本的なグランドデザインを描き、克服への展望について原理的に述べたい。

1　2011年度からの「新学習指導要領」で、学力は上がるのか？

授業時間増は？

2008年1月17日、日本では中教審が学習指導要領の改訂について答申し、続けて2月15日に新学習指導要領改訂案を発表した。これで「PISA型学力」、つまり「活用型」の向上は大丈夫と関係者はいうのだが、果たしてどうだろうか。

今回の新学習指導要領におけるポイントの一つは、「学力低下」批判に答えるべく、これまでの「ゆとり教育」を見直し、授業時数を小学校（6年間）5367時間から5645時間へ、278時間増やし、中学校は、3年間で2940時間から3045時間へと105時間増やしたことである。とくに、小学1・2年生は週2コマも増加である。中学は各学年とも週1コマ増となっている。これが、ただでさえ、詰め込みがちの現場をさらに窮屈にしないか心配である。また、全国一斉学力テストに連動させられて、「学力向上」に向けて各学校が競わされたのではたまらない。もう一つは、授業内容と指導方法を細かく提示。よく言えば、全国すべての学校のどの子にも学力を保障しようと、「意気込み」をみせた点である。「ＰＩＳＡ型学力」の育成を意識して体験や実験を重視するのはいいのだが、何と算数（数学）に至っては、「算数的活動」の具体例をア・イ・ウ・エ・オなどで提示したのである。これでは、対症療法的な「活用ごっこ」に陥りやすい。

さらに決定的な矛盾は、ＰＩＳＡ型の「活用力」を重視する姿勢を示しながら、その大元の「総合的な学習の時間」を小中とも削減。そればかりか、「第1章　総則　第3　授業時数等の取扱い」では、「5　総合的な学習の時間における学習活動により、特別活動の学校行事に掲げる各行事の実施と同様の成果が期待できる場合においては、総合的な学習の時間における学習活動をもって相当する特別活動の学校行事に掲げる各行事の実施に替えることができる」と記してしまったのである。

これでは、「総合的な学習の時間」を学校の行事などに「読みかえてもよい」というメッセージとなり、結局「総合的な学習の時間」は行事に吸収され消滅しかねない。

メディアの論調は、「期待」と「不安」が相半ばしている。期待は、「ゆとり教育」が子どもたちの塾通いや都市部における私立ブームを引き起こしたが、これが少しは沈静化し、教育再生につながれば、というもの。また、「総合的な学習の時間」の理想ばかり追うのではなく、基礎・基本の知識をしっかり「教え込む」ことや、「活用型の学力」形成に舵を切り替える期待である。増えた時間に、理科の実験やフィールドワークを試みたいと素直に希望を語る教員もいる。行政だけでなく、現場も創意工夫を凝らす必要があることは言うまでもない。それにしても、今になっても「教え込む」意義を強調するとは信じがたい。これでは、「PISA型学力」向上はないだろう。

一方、不安や批判も目立つ。その代表は、具体的な検証もしないまま、授業時数や教える内容を増やしたり減らしたりする対症療法的な変更に対してである。確かに、授業時数増が学力向上につながる保障はどこにもない。これまで見てきたように、学力世界一といわれるフィンランドは、授業時数が日本よりはるかに少ない。一方、アメリカ、ドイツ、イギリスなど日本より授業時数の多い国は、PISA調査では惨憺たる結果である。順位も、読解力では、イギリスが17位、ドイツ18位、フランス23位。数学的リテラシーは、ドイツ20位、フランス23位、イギリス24位、アメリカ35位。科学的リテラシーは、ドイツ13位、イギリス14位、フランス25位、アメリカ29位などと、日本の比ではない。

日本各地を訪問すると、朝の一時間目の前に「ゼロ時間目」の授業を設けている学校が多い。それでもまだ足りないと、「マイナス1時間目」まで設定。6時間目の授業の後に

「7・8時間目」を置き、一日に何と、10時間もの授業に突入している県立高校まである。検定試験を英検、数検、漢検など検定試験を5種類も受けさせたり、毎週1回、英、数、国（漢字）などの復習テストを実施している中学校も多い。しかし、どんなに努力をしても、全国一斉学力テスト等の結果がまったく優れない地域も珍しくない。これらは、必ずしも授業時間数の多少と学力の高低は連動しないということの、一つの証明ではなかろうか。

また、ＰＩＳＡ調査の結果を受けて、理科重視の声は理解できるものの、意識調査では、国際的にみると、日本における理科に対する教員の授業姿勢や単元の位置付けなどがあまりにも問題が多いことが判明した。もっと実験に取り組み、野に出ること。日常の生活と結びつけて、科学を扱うこと。ディスカッションやクリティカルシンキングの授業を展開する必要があることなど、多くの教訓が示された。

ところが、これらの教訓は今回の改訂に生かされていない。逆にこと細かな授業内容や指導法にまで踏み込んでいる。これでは、教師自身が、自ら学び、考える力が萎え、子どもたちをワクワクさせる魅力的な授業ができないのではないか。学習指導要領は、もっと大枠だけでよい。現場に任せて、責任と創造力を引き出す方が効果的ではないだろうか。

さらなる「学力低下」への〝羅針盤〟？

「これでは〝学力低下〟は止まらない」「子どものウツが増大し、教師も心を病む」。今回、2011年度から実施されるという学習指導要領に目を通して、私は心配になった。なぜなら、学力観があまりにも古く粗雑にすぎるからである。むろん、学習指導要領より上位の法律である、学校教育法に規定されざるを得ない事情や制約は理解できるのだが、ここでは学力問題に的を絞って、率直に感想を述べたい。

新学習指導要領では、「学力の重要な要素」を、

①基礎的・基本的な知識・技能の習得

②知識・技能を活用して課題を解決するために必要な思考力・判断力・表現力等

③学習意欲

の三つと規定した。これらの関連性については次のように述べている。

「各教科においては、基礎的・基本的な知識・技能の習得を重視した上で、観察・実験やレポートの作成、論述など知識・技能を活用する学習活動を充実し、思考力・判断力・表現力等を育成」。

しかし、知識と活用力と意欲を三つに分離・分割して捉えるのは、学力の構造論として

も原理論としてもあまりに稚拙すぎやしないだろうか。完全な〝段階論〟に陥っている。しかも、この定義に従って何をやるかといえば、審議まとめに即して言えば、「音読・暗唱」「反復学習」だといい、指導要領では、「観察・実験やレポート作成、論述」の類である。「言語の能力」を重視したのはいいのだが、「言語活動」を全教科を貫いて実施するというのだ。例えば、小学校の算数では、5年生の「算数的活動」の中で「イ．三角形、平方四辺形、ひし形及び台形の面積の求め方を、具体物を用いたり、言葉、数、式、図を用いたりして考え、説明する活動」となっている。これでは、

①どうしても基礎・基本の習得をさせなければ、次の「活用」に入れない理屈である。したがって、60年代、70年代のような暗記型の詰め込みをやらなければならなくなる。基礎・基本事項の中に息づく、深く発展的な法則や認識論を理解し、生活に適用するといった「切り口」が重要。「活用力」との一体化がポイントなのである。

②中教審のように段階論的に分離すると、前に進めない、つめ込みの暗記・訓練主義に陥らざるを得ないだけでなく、やるべき項目が増え、授業の中でも「活用」のための「活動」が導入され、時間が不足することは明らかである。子どもも、教師もストレスをため、確実に学力は身につかない。

③知識増が学力アップに連動するのではない。つめこんだ基礎・基本の組み合わせによって「活用力」が向上するととらえる見解は、高度経済成長時代の古い機械論にすぎない。今日のようなIT社会では、その読み解き能力や発信、表現力こそ学力の根幹をなしている。なお、学習意欲も分離して指導するものではない。「早寝・早起き・朝ごはん」運動化して育てるものではなく、学びそのものの中における探検や発見、感動、達成感、自己肯定感が下支えし、育てていくものである。

さらに各教科について、「重点指導事項例」を細かく指示している。これらの習得状況を「全国一斉学力テスト」などでチェックするのだと論じられてきた。つまり全国一斉学力テストをテコに、学力低下不安の世論を受け止めたかのような構えをとりつつ、2月15日発表の学習指導要領（案）そのものには記されなかったものの、各教室の毎授業に至るまで、こと細かに指示を出し、有無を言わせぬ国家管理と統制を敷こうというのだろうか。

さらに、元来アメリカにおける企業の労働者管理の思想とシステムである、「PDCA」サイクル（計画↓実行↓点検↓改善行動）を、日本全国の学校にまで広げ、適用しようと議論されてきたのだから無謀としかいえない。

さらに習熟度別授業を徹底させるというのだから、学力の二極化と固定化はもはや避けられまい。

国づくりのビジョンや未来へのグランドデザインが明確でないまま、文化的にも思想的にも、難民を排除するような「鎖国」状態の精神的閉塞状況にある日本の中で、「多文化共生」を言うのでは、小5から始めるという「外国語活動」が実を結ぶ道理がない。あまりにも机上の空論と批判せざるを得ない。

これでは、「ＰＩＳＡ型」学力に関して言えば、新学習指導要領は低下を促進させる〝羅針盤〟になりかねない。子ども・教師の心と体まで蝕みかねないからである。

2　教える内容の増大と難問化で学力は上がるの？

インドの教科書はぶ厚い

学力低下論争が盛んだった、２００２〜２００３年頃のことだが、このテーマでテレビ出演していると、よく「インドの数学の教科書は、こんなに厚い。それに比べて日本のは、こんなに薄い。しかも、まるで週刊誌か何かのようにカラフルで、マンガのさし絵まで入っている」などと言われたものだ。

キャスターの解説の言葉を追うかのように、カメラは、インドの300ページをゆうに超すような「ぶ厚い教科書」をアップ。一方で、カラフルな日本の「薄い教科書」が映し出され、比較される。

そして、「だからインドからは優れた理数系の学者や研究者がたくさん出ている」「アメリカの大学や大学院で優秀な成績を修めるのは、みんなインド人だ」などと、だれかがコメントする。すると「インドの小学校では、2桁までの九九を教えている。例えば18×12なんて、みんな平気な顔して瞬時にやってのけますよ」などと付け加える。

こんな場面に何度となく出くわすうちに、実際に教科書を手にとって見る機会があった。ページを繰って私はびっくり。何てことはない。ページの大半が練習問題ではないか。つまり、日本でいえば、教科書と問題集を合体させた格好なのだ。もちろん、丁寧に練習させることには賛成だ。身につくからだ。今から20年、30年前の教科書には、練習問題が2ページあったとすれば、今では1ページ以下に激減しているために、どうしても子どもたちは練習不足に陥る。学力アップのためというよりも、「学力の定着」をはかるためにはどうしても一定量のトレーニングが必要である。それが教科書に組み込んであった方が使い勝手がよく利便性は高い。

しかし、「厚くて、レベルが高い教科書」というのは錯覚である。「厚くて、丁寧な教科書」というべきだろう。

また、「2桁の九九」は、日本でも今、大流行している。書店には「インド式数学」関係の出版物のオンパレードである。とにかく、よく売れるそうだ。ここまでくると、「インド人もびっくり」と、現実味を帯びてきそうだ。

学ぶ目的と基礎・基本の中に発展力、活用力への水路を発見せよ

重要なことは、難問を解くことでも、ぶ厚い教科書を使用することでもない。むろん「百マス計算」で、時計の秒針とにらめっこすることでもない。あるいは「脳トレ」で脳の機能を鍛える方法でもない。百マスや脳トレは、解くスピードや条件反射力を高めても、ただ単にそれだけのことにすぎない。「百マスをやった人は大学で数学が伸びない」と嘆く著名な数学者もいるほどである。数学科に入学してくる〝百マス学生〟を教えた体験に基づいているだけに説得力がある。

では、どうすれば本来の学力アップが期待できるのか。

それは、第一に、基礎・基本の習得プロセスにおいて、単に訓練を重ねて「できる」力をつけるだけではなくて、基礎・基本の知識や技能そのものの中に科学的な法則性を発見し、理屈を理解させ「わかる」力に深化させること、そして、そのことを子どもの認識力や世界観を広げることにつなげることである。このプロセスこそ、発展力への中核のパワーとなり、近い将来活用力にまで連動する。そればかりか、学ぶことが教育の目的である〝人格の完成〟へと昇華するのである。第二には、社会や生活と切り結んで扱うことである。そうして、生きる中で生かすモチベーションとすることである。つまり、基礎・基本の中にすでに「活用力」や「発展力」「応用力」が内包されており、基礎・基本を扱いながらも、同時に、深い学びを提示したり、いかに体験させることができるかが問われているのである。

3　習熟度別授業で学力は上がるの？

習熟度別授業の実態と子どもの意識

基礎を充実させる「ゆっくりコース」では、人数も数人に絞り込み、多くの小学校では担任が、中学校でもベテラン教員を配置しているので、よくできるようになることは確かなようだ。子どもはもちろんのこと、保護者からの評判もよく、喜ばれている。

ところが、重大な問題点がある。すなわち、基礎はわかるようになり、できるようになっていても、「スピードコース」のテスト問題まで、できるようになっているのかといえば、依然として発展的問題は難しくて解けないということである。

「ゆっくりコース」のテスト問題は解きやすく、80点や満点といった高得点がとれるので、「できた！」という満足感、達成感には大きなものがある。親子の評判が良いのもうなずける。しかし、学力は、必ずしも要求される水準にまでは達していないようである。むしろ「スピードコース」の仲間たちの「できる様子」や「元気のよい学び」などに触れることができず、感動的な「学び合い」の機会を喪失しているといっても過言ではない。

反対に「スピードコース」はどうか。問題はないのだろうか。こちらの方は、子どもたちのほとんどがすでに塾に通っているのが特徴である。だから、最初から「できる」し、「解ける」のである。

教師の方も、まるで塾のように何枚もプリントを準備し、次々に難問へとステップアップさせていく。自分で解いては、マルをつけ答え合わせをする。この「作業」のくり返しが多い。だから、確かにどの子も、生き生きと「解く喜び」には浸っている。しかし、それ以上でも以下でもないのである。

つまり、大いに「できる」ものの、それは訓練を経て解き方に習熟しているからであって、うっかりすると、条件反射の一つにすぎないという可能性が高い。単なる解答〝作業〟に終わっている危険もある。理屈や道理がわかっていないのではないかという心配が大きいのである。

これでは、発展力、活用力につながる真の学力がついていくとは考えられない。

一斉授業の「学び合い」の魅力

「尾木さん、一番質の高い授業ができるのは、どうも「ゆっくりコース」の子たちのような気がしてならないのですよ。「スピードコース」の子たちに、この子たちの発想や発言を聞かせたくて――」

ある小学校の校長は、私にしみじみとこう語ったことがある。というのは、次のような体験をしたからだというのだ。

この小学校では、時間割を工夫して、1人の先生が三つのコースを順番に教えるのだぞうだ。すると、どのコースに対しても、クラス全員の理解度と授業中の様子を把握できるメリットがあるという。

「ゆっくりコース」で時間と距離と速度の問題に取り組んでいたときのこと。3キロメートルの道のりを時速7キロで走ったら何分かかるでしょうと、教師が公式に当てはめて問題を解き始めると、子どもたちは、素直に公式を受け入れないというのだ。

「だって、先生、その道には坂道のところがあるかもしれない」

「途中にジャリ道があって、何回か転んだかもしれない」

と真顔で疑問を呈するのだそうだ。つまり、具体的にその場面を生活に基づいてイメージし、さらには、シミュレーションを重ねて必死に考えている証拠である。これが、「スピードコース」の子どもたちだと、塾ですでに解き方を習っているものだから、問題文を見たとたんに、あたかも条件反射か何かのようにたちまち解いてみせるというのである。

私は、話を聞いてナルホドとうなずいた。同時に「なんてもったいない」と残念な気持ちになった。校長の言った通りこんな豊かな発見を、「スピードコース」の子どもたちにも見せたいと思ったものである。

授業を通して学力をつける営みは、ただ習熟度別に分けて、トレーニング中心にスキルアップをはかればよいわけではない。一斉授業の魅力は、多様な学力と個性の子どもたちが、絡み合いながら学べることにこそ輝いているのである。

クラスのみんなの発言——もちろん間違いも大歓迎である——を、階段を一段ずつ登るかのようにつなぎ合わせながら、一つの結論や真実に到達する。それこそが「学び」の醍醐味なのだ。もちろん、時折、習熟度別授業を組み込みながら一斉授業を行うことは、学力のボトムアップのためには有効だろう。機械的に採り入れるのでなければ、習熟度別授業そのものは否定される形式ではない。

ところで、全国の中学2年生へのアンケート調査（法政大学尾木ゼミ2006年12月～2007年1月実施。約1000件回収）結果からも、習熟度別授業は必要と答えた生徒は83・2％にのぼったが、そのことによって「成績が向上した」という中学生は、わずか3・2％にすぎなかった。多くが、「自分のペースで勉強できる」点がよい（38・5％）と自己満足しながら答えているのだ。これでは、すべての子どもの「学力」そのものが向上するはずがない。

もっともっと子どもたちの声を聞く必要がありそうだ。

4　競争すると学力は上がるの？

テスト競争で不正発覚

前述のように東京都の足立区では、２００６年４月に全区立小・中学校で、小２から中３まで全員参加で実施された区独自のテストにおいて不正等が発覚した。Ｓ小学校では、障がいのある３人の児童の答案用紙を、保護者の了解も得ないで集計から除外。「学校の学力実態を把握するためには、外した方がよいと判断した」（校長）という。〝競争心〟は、教育者としての魂まで吹き飛ばすようだ。また、前年度のテスト問題を２〜３週間にわたって繰り返し練習させたという。「テストの記憶をメモし、似たような問題を使って指導した」（校長）ともいう。さらに、試験監督中に誤答を発見すると、机間巡視中の校長や教師が正答を指さす、「田植方式」と称される不正行為をしていたというから驚く。これらすべての根っこには、競争に勝たなくては――という強迫観念が読みとれる。

学校選択制度で競わせ、予算の傾斜配分で追いうち

このような常軌を逸した不正がなぜ学校ぐるみで行われたのか。解明すべき第一の問題は、なぜそこまでして順位にこだわったのかである。東京都足立区の場合、二つの特殊な教育制度を持っている。その一つは、学校の自由な選択制度であり、テスト結果は各教科（国・算・数）を学年ごとにすべて公表。親たちはそれを重要な一つの「基準」として学校を選択している。したがって、下位校では児童・生徒が集まらず廃校の危機にさらされる。しかももう一つ重要な問題は、この区は、テストの成績の伸び率を学校の予算配分に加味する「傾斜配分」政策をとっていることだ。努力を評価した褒賞的制度といえる。

これらの結果、この小学校では区内72小学校のうち2005年度には44位であったが、2006年度は何と1位におどり出たのである。2005年度は全校（小2～小6）の国語の平均到達度は、77・2％。算数は77・5％。ところが、次の2006年度に92・4％（国）と95・2％（算）に大幅アップ。こんなことは〝常識〟では考えられない事態といえる。小2の算数に至っては、平均到達度が98・8％というから驚く。過去問と同じ出題が9割に及んだことと、直前練習、「田植方式」の不正、障がい児の答案削除を行った結果、できすぎの結果となったのは当然といえよう。

不正行為の反教育――教育の自殺行為

ところで、この事件の本質は何か。それは、教育の自殺行為であるということである。

第一には、厳正であるべき試験において、〝不正のすすめ教育〟を行ってしまった点である。これでは、今後の学級・学校内のテストにおいて、教師が不正を咎める資格など一切ないことになる。「徳育」の強化どころの話ではない。

第二には、障がい児を排除し〝学力による差別〟を体験的に教えた点である。「保護者の了解」のあるなしなど問題ではない。これは、学力テストによる「新しい差別」に他ならない。「学力テストは、ありのままの学力を把握するために行うもので、除外すると実態がわからなくなる。点数だけ上げようという意図が疑われる行為はやらない方がいい」（読売新聞、２００７年７月10日付）のであり、成熟した国家における〝共生の教育理念〟とは全く相容れない。

第三には、「バカ学校」とか「エリート学校」などと、子ども同士がうわさしたり、学力の低い友だちをいみ嫌う――つまり、学校の評価を落とし、学校存亡の危機に立たせる張本人として——風潮さえ、すでに生まれている点である。子どもたちが、「虫けらのようにできないやつ」とまで学力の低い子を揶揄《やゆ》するという。

第四には、得点力アップの〝対策〟勉強にあまりにも精を出しすぎていると、本物の学力や応用（「活用」）力が身につかない点である。この小学校のように、２００７年度は、問題傾向がガラリと変わったとたんに、前述のように、１位から何と当初の44位をもすり抜けて、59位にまで転落するのである。

足立区の今回の「学力試験不正事件」は、多くの教訓を残した。この失敗を生かすためには、全国一斉学力テストの実施・運営の変更か、廃止を真剣に模索する必要があるだろう。成績を上げた学校をほめるための日本型バウチャー制度とも言える褒賞金の支給など論外であろう。

5　小学校の「外国語活動」で英語が話せる？

ついに２０１１年から小学校で英語

幼児期の英語教育が、まるで〝常識〟であるかのように「ブーム」になっている。

「尾木先生、3歳からでしょうか、それとも4歳から始めた方がいいのでしょうか」

幼稚園に講演に行った折の質疑応答では、主語や目的語抜きによくこんな質問を受けたものだ。ちょうど2000年ごろに流行《はや》った質問である。ところが、今では、もうこんな質問すら受けることはなくなった。というのは、すでに保育園ですら、英会話教室に通う子が珍しくない時代になり、英語教室は、ピアノやスイミング教室以上の人気を博しているからである。

ある保育園の園長先生は、「日本語も上手にしゃべれないのに、英会話を習わせているんですから――」と厳しい皮肉。親も、心の片隅ではどこか変だと思いながらも、ブームに後押しされている。

その原因の一つは、小坂憲次文科大臣（当時）が、小学校で英語を教科化すると公言した影響が大きかったようだ。その後、鳴り物入りでスタート（2006年10月）した安倍前首相の「教育再生会議」も、「小学校の英語活動」の導入を提言し、政府の文教政策立案の大元である中教審もついに、2011年の新しい学習指導要領から、正式な教科としてではないものの、小学校5年生と6年生の「外国語活動」を週1時間新設することにしたのである（2008年2月15日発表）。

英語学習の目的は何か

では、その目的や経緯は何なのか。中教審答申（「幼稚園、小学校、中学校、高等学校及び特別支援学校の学習指導要領等の改善について」08年1月17日）によれば、八つのポイント等を述べている。要約すると次の通りである。

①「社会や経済のグローバル化」「異なる文化の共存や持続可能な発展に向けて国際協力が求められる」ことなどから、学校教育における「外国語活動」の充実が「重要な課題」だという。また、タイ（96年）、韓国（97年）、中国（05年）なども、小学校段階から英語を必修化している国際情況があるから日本も真似るのだという。

②中学校でいきなり「聞く、話す、読む、書く」の「4技能を一度に取り扱う点」に指導上の困難さがある。したがって、小学校段階で、あいさつ、自己紹介など「初歩的な外国語」に触れておこうというのである。

③しかし、「実生活で使用する必要性が乏しい」ので、スキル習得はむずかしい。だから「「ALT」（Assistant Language Teacher）の活用等を通して、積極的にコミュニケーションを図ろうとする態度の育成」をしようとするのだという。厳密にいえば、「基本とすべきとの指摘がある」などと無責任な表現で逃げようとしているのが気になる。

④「このため」として、〝目的〟を次のように明記している。

「このため、小学校段階では、小学生のもつ柔軟な適応力を生かして、言葉への自覚を促し、幅広い言語に関する能力や国際感覚の基盤を培うため、中学校段階の文法等の英語教育を前倒しするのではなく、国語や我が国の文化を含めた言語や文化に対する理解を深めるとともに、積極的にコミュニケーションを図ろうとする態度の育成を図ることを目標として、外国語活動を行うことが適当と考えられる。

また、アジア圏においても国際的な共通語としては英語が使われていることなど、国際的な汎用性の高さを踏まえれば、中学校における外国語は英語を履修することが原則とされているのと同様、小学校における外国語活動においても、英語活動を原則とすることが適当と考えられる。なお、小学校段階においては、幅広い言語に触れることが国際感覚の基盤を培うことに資するものと考えられることから、英語を原則としつつも、他の言語にも触れるように配慮することが望ましい」

その他のポイントは何だろうか。

「機会均等」の原則、「評価にはなじまない」、「学級担任を中心に、ALTや英語が堪能な地域人材等とのティーム・ティーチングを基本とすべき」が目につく。

また、「小学校と中学校とが緊密に連携を図ること」などを求めている。

このような報告を受けて、2月15日に発表された案では、以下のようにいわゆる「英語」の授業にならないよう歯止めをかける表現がなされている。

〈2．第2の内容の取扱いについては、次の事項に配慮するものとする〉
(7) 国際理解に関する学習を行う際には、問題の解決や探究活動に取り組むことを通して、諸外国の生活や文化などを体験したり調査したりするなどの学習活動が行われるようにすること。

これでは〝英語ごっこ〟、学力は低下する

しかし、これでは「英語」の学力が身につくはずがない。ほとんど〝国際理解ごっこ〟にすぎない。これまでのような〝英語遊び〟にもならない可能性も高いのである。それにもかかわらず、お父さん、お母さんたちは早期英語教育と聞くと、思わずわが身を乗り出してしまう。これには、理由があるようだ。

それは、自分は中・高・大と6年から10年近くも学校で英語を習い、成績もそこそことってきたにもかかわらず、40歳にもなったらほとんど全部きれいさっぱり忘れ去っている。さらに、「おはよう」「さようなら」くらいしか話せない、などという現状（？）からくる英語コンプレックスが、心の奥底に眠っているからではないか。わが子にだけは、こんな屈辱的な思いをさせたくないと、痛切に感じている方もいるだろう。だから、臨界期（一定の能力や行動パターンを習得するために、特定の経験や環境条件を絶対的に必要とするような時期）に達する前の幼児期に、本場の英語をシャワーのようにあびるとよいのではないかと思い込むようだ。

ところで、そもそも英語は日本人にとって、コミュニケーションのツールにすぎない。むろん、英語力が高ければ高いほど、海外でのコミュニケーションは不便ではない。しかし、重要なのは、伝える内容であり思考である。どんなことを母語である日本語で考え、実行できるのかにかかっているのである。

いかに脳科学的には早期教育がよいのだとしても、日本の日常生活では、英語を聴くことも話すことも自然体ではあまりないこともあり、大前提として確認しておかなければならない大切なことがある。それは、幼児期・小学生期という発達段階においては、〝母語〟

によってしっかりと思考するという機能を確立することが、その後の重要な発達課題であるということである。母語が未熟なままでは、発達不全の子どもになる心配が大きいことも納得できるのではないだろうか。

私の結論を言えば、小学校はあまり効果のない〝英語ごっこ〟に時間を費やすべきではない。他の教科への転換や見直しを進めるべきだろう。

小学校で新たに英語活動を新設し、英語教育を行うよりも、中学英語を少人数で毎日やるとか全面的に見直すほうがより現実的であり、効果が期待できる。小学校では、しっかりと思考する力と日本語力を鍛え、その基礎の元に、中学校で英語教育を重点化すべきだろう。

6　本当に塾講師でないと「できる子」を伸ばせないのか

公立中学校における進学塾の有料「夜間授業」

２００８年1月のこと。杉並区立和田中学校で、学力の高い中学2年生に対し、夜の校舎を進学塾に貸して、有料の〝進学対策学習〟を実施しようとする取り組みに関連したニユースが飛びかかった。私もたびたび新聞等にコメントを求められた。

この取り組みに関して、杉並区教育委員会が、予定通り実施する旨の記者会見を開いた1月23日、私は夜6時すぎのＮＨＫ「首都圏ネットワーク」に始まり、7時と9時の定時ニュースに登場。10時には、「ＮＨＫジャーナル」（ラジオ放送）で10分近くインタビューにも答えた。

ここでは、この問題についてじっくり考えたい。なぜなら、このように塾優位、私学優位の発想は、多くの人々の心をとらえており、この取り組みが今後全国に広がるのは時間の問題だからだ。この問題は、義務教育とは何か、公教育の役割や責任とは何か、憲法で保障された教育の機会均等の原則とは何かなど、多くの問題を内包している。

さらに、学力の高い子どもをもう一段高く押し上げるには、どんなアプローチがあり得るのか、また許されるのか——果たして塾の教え方が正しいのか、本当にどこまで効果的なのか。あるいは、子どもたちの生活の場として大切な学校の人間関係に、重大な変化をもたらさないか。教育実践論においても、多面的な問題を提起している。

ＮＨＫラジオのアナウンサーは、「メリットとデメリットは何か」と私に問うた。おそらく、偏りのないニュース報道の視座としては、欠くことができない質問なのだろう。このように、メリットとデメリットを問う論調は、活字メディア（社説）などでも見受けられた。

ところで、街の声は三つに大別された。

「安全で安心できる近い学校で、塾に行ければ、それも、普通の半額で行ければ助かります」。親のこんな声に代表されるのが、メリットであり、支持派であろう。これに対して、「なぜ、公共の施設である学校を使って、わざわざ塾にやらせるんですか。塾なんてたくさんあるんですから、自分で行けばいいじゃないですか」という意見が疑問の代表格。「希望者全員じゃないんですか。できる子だけ、しかもお金をとるのも嫌ですね」などというのが反対の声の典型。「できる子にまで責任を負うのは、公立中としては新たな挑戦。できない子ばかりサポートするのではない点が評価できる」というのがメディアの論調だ。

どれにも一理はある。どれも正しいのかもしれない。しかし、都の教育委員会がいうように、「公共性、機会の均等、平等、無償の原則」という憲法理念に抵触する懸念や、子どもたちの連帯を困難にする教育実践上の危惧があることも否めない。どうも、これらの対立の中で議論が錯綜しているようだ。

では、このような対立を解消する方向はどこか。

それは、結論から言えば、学校の教員が先の要望をすべて実現すべきだということである。それができるだけの教員増や一学級の生徒定数減、教師がじっくり研修を受けて、力をつけられる環境整備など、行政（国）の地道な努力以外にないのではないか。そこを忘れて、安易に進学塾のＤＭに応募するのは、いかがなものか。また、保護者として、校長自らがわが子を「夜スペ」に参加させるのも教育者の見識を問われよう。地域での不信が広がるのも当然である。

メディアのように新しい取り組みの表面的〝現象〟だけ論じても、何も生まれないような気がしてならない。

学校は、やはり地域と生徒に支えられた人間ドラマの「学校」なのだから。塾ではない。

見直すべき「学校力」

最近世間では、学校の役割として、授業における教科指導にばかり目を向けがちになっている。しかし、学校には、部活動や児童会・生徒会活動をはじめ、子どもを成長させる機会がたくさんあり、教師たち全員の校務分掌によってそれが支えられている。

それが総体としての、子どもが成長できる「学校力」だといえる。

その根幹にあたる部分をあえて無視して、学力が低下している、教え方が下手だ……といった部分でのみ批判を繰り返すのはおかしな話である。まるで体育の教師の技能がオリンピック選手に比べて劣っていると一方的に非難しているのと同じである。学校の体育の教師には、オリンピック選手にはない指導力の発揮という力量があるのだ。

たとえば、ある教師の教え方が下手だったとしても、子どもに「あの先生が好きだ」という気持ちがあったなら、それだけでも子どもが体育好きになったり、算数が得意になったりして充実した学校生活を送れるようになることも珍しくない。

日本の学校においては、「あの先生がいる部活が好きだから勉強もしよう」となるようなケースも結構ある。このような、授業以外のことがきっかけでその教科が好きになるというようなことは、学習指導に特化した塾と比べて、学校では多くみられるのではないだろうか。

だからこそ、先の公立中学校のように、安易に塾の営業戦略に、協力・共同するのではなく、学校がもっている総合的な力としての「学校力」を改めて見直すべきなのである。

そして、それと同時に、それぞれの学校の多様な機能を支えている〝人間〟としての教師の役割も、今だからこそ見直さなければならないだろう。

教師にしても、「自分は、教えるのはうまくないけど、生徒のやる気を起こさせることは約束できる」というくらいのことは言ってもいいはずである。そんな言葉をそのまま口にすれば、まったく問題がないわけではないが、それくらいの気概と自信をもつべきではないだろうか。

そうした気概と自信をもてないのであれば、教師再生への道が開かれるはずもない。それどころか、うっかりすると教育崩壊への道を進んでいくことにもなりかねない。

「塾講師」に教え方を学ぶ教師

最近は、教師の授業力を向上させようという視点から、進学塾の講師を招いて教師の研修を行うケースも目立ってきた。

進学塾の大手「早稲田アカデミー」では、2007年3月に、小学校から高等学校までの学校現場の教師を対象にした「教師力養成塾」を開校した。子どもへの声のかけ方や目線の合わせ方を教え、生徒の気持ちを引きつけ、やる気を起こさせるスキルを指南するコースだという。同アカデミーでは、２００５年から港区や足立区（２００６年）で区立中学校の補習授業を請け負っていたため、現場の教師たちから、そのテクニックを学びたいという声が上がったことから、講師派遣を行ってきたのだ。

また、東京都東大和市では、市立学校の中堅教師の力量アップのために、塾講師による授業観察・指導助言・指導法改善を行っている。こうした動きは徐々に広がりを見せている。

特定のスキルを外部の人間から学ぼうという試みは決して悪いことではない。しかし、学校の「教師」と塾の「講師」とでは求められる内容や力が似ているようでまるで違うのである。学校の教師は塾の講師とは違い、教科を教えることだけに特化された職業ではない。

それにもかかわらず、こうした養成塾が生まれることについては、学校側・教師側が自分たちで「教師力」の低下を認めているものとして受け止めざるを得ない。授業の進め方や指導法といった教師の本質に関わる領域がアウトソーシング（外部委託）されていることに抵抗を感じる教師が少ないことも、嘆かわしい現実である。

「学校の教師」と「塾講師」は違う

授業の〝上手い、下手〟について、学校の教師と塾の講師はよく比較される。しかし、この両者を比較すること自体がナンセンスである。

その理由のひとつは、塾の講師というのは〝講義をするエキスパート〟だという点にある。塾の講師は、決められた時間内に効率よく教えることを目的としており、受験勉強や補習を指導することに特化された職業なのだ。

そのためのエキスパート、すなわち専門家であり、効率よく生徒に受験学力をつけさせることについては、そもそも学校の教師よりすぐれていることを前提に成り立っている職業だといえる。親もそこに期待して高い費用を払っているのであって、学校と同じだとは誰も考えていない。

また、講義に特化した仕事だから「講師」といわれるのであり、一般に塾の講師は「教員」や「教師」とは呼ばれない。講師自身も自分のことを「○×塾で教師をしています」などとは言わない。教師でないことをはっきり自覚しているからだ。

一方、学校の教師は、授業をすることのみに特化した職業ではない。授業に限らず、生活面なども含めた生徒指導はもちろん、運動会などの行事や部活動の指導も積極的にするなど、様々な生活領域で子どもたちと接して、子どもの全体的な成長に責任を負っていくのである。そうした授業以外の行事や活動は、子どもの、人間としての成長に果たす教育的役割だけでなく、そこで得た疑問や課題、あるいは興味・関心を学びへと発展させたり、将来へのキャリアデザインにつながることも珍しくない。このように学校生活の充実も「PISA型学力」形成への背景や足場となっていくのである。

たとえば、中学生が何を楽しみに学校に来るかといえば、部活動を挙げる声が圧倒的に多い。全国の中学生の入部率は80％を超えている。そのため、生徒にとっては、部活動が楽しければ学校に行くことも楽しくなるといったケースが珍しくない。

仲間たちと、同じ目的をもって汗を流したり切磋琢磨したりすることで、充実した学校生活を送ることができ、思い出もたくさんつくることができる。それが、将来の自分の生活を支える力にもなる。そこで教師は、子どもたちが仲間づくりをしたり、個人や集団で努力したりすることの大切さを学ぶ活動をサポートしていくのだ。

「ニート」では、部活動に参加したことのない者が60％を占めているのは、部活動が教育的に果たす役割や効果を裏付けている一例かもしれない。今回の学習指導要領には、初めて「学校教育の一環として生徒が自発的に取り組む部活動の意義」が規定されたのも教育基本法（第13条）の「学校、家庭及び地域住民等の相互の連携協力」を考えれば、自然の流れなのだろう。しかし、教員には大変な負担になりかねない。

生徒指導に関しては、風紀面など服装や生活の乱れを中心に、子どもを取り締まっているだけという暗い嫌なイメージをもつ人もいるだろうが、それはひとつの側面に過ぎない。人間的なつながりの中で、悩んでいることやつまずいていることを丁寧にケアしながら、子どもを支え、成長させていくのが生徒指導の本領なのだ。

児童会や生徒会活動は、子どもたちが自主的にいろいろなことを自分たちの力で決めたり運営したりすることが大前提となっている。教師はそれを見守り、ときにはアドバイスをすることによって、子どもたちが自分たち自身の手で何かを企画運営し成功させていくトレーニングを支えている。

学校はさらに、運動会、文化祭、合唱コンクールなどというように、たくさんの行事がある。これらはそれぞれに部活動や児童会・生徒会活動にも通じる面ももっているが、不定期な一大イベントの中で、普段とはまた違う形で子ども同士の協力の仕方や努力の大切さを学んでいく。こうした行事のなかには、ＰＴＡや地域の人々が参加するものや見てくれるケースも多いので、日常的な活動とは違った体験ができ、一気に視野も広がるのである。むろん、学習活動や授業では習得できない喜びを味わったり、自分の将来につながる発見や興味・関心を深めたりすることもできる。

このように、学校には子どもたちが人として成長していくための様々な仕組みと活動がある。それらをサポートしていくのも教師の重要な役割なのであり、塾の講師とは仕事の範囲も質もまったく異なっているのである。

V　学力再生への構想

はじめに

今回（08年3月）の新学習指導要領（幼・小・中）は、学力再生への科学的展望をまったく示せない、相変らずの詰め込みと、一つの価値を植えつける道徳教育に逃げた最悪の内容になっている。これで、どうして創造的な思考力や自由な表現力がつくのか。国際社会が求める学力観や学力形成論からも、一人かけ離れている。

文科省がこれまで強調してきた「生きる力」が、あたかもＯＥＣＤが規定している「活用型の学力」そのものであるかのように解釈しているが、本当にそうか。形が似ているにすぎない。メディアを通して、ＯＥＣＤのグリア事務総長からは、日本の学力観を「多くの国の労働市場からすでに消えつつある種類の仕事に適した人材育成」と評される有様である。生活の主役として、つまり子どもではあっても、一人の小さな市民として、家庭でも学校でも、地域でも、社会でも、時代創造の仲間としての目線を持てないのでは〝仏作って魂入らず〟の例えになるだけであろう。生活の主体、学びの主役として生きる子どもたちといった視点がゼロなのだ。これではどんなに学習指導要領をいじろうが、本当の学力の形成と学力主体の子どもの育成は不可能である。「点取りゲーム」や「活用ごっこ」になっており、「自分の人生のための学び」になっていないからである。これでは、「PISA型学力」の低下への道をただひたすらころげ落ちようとしているかのようだ。

では、どうすれば生活に密着した、近い未来の主権者、確かな市民として生きるにふさわしいリテラシーとしての学力を子どもたちは身につけることができるのだろうか。そのグランドデザインをどう描けばよいのだろうか。学力観、学習観、子ども観の転換と、家庭では具体的にどうすればよいのかについて、10のポイントに絞って明らかにしたい。

1　学力観、学習観、子ども観を転換せよ

2011年度から実施予定の新学習指導要領の最大の欠陥は、地域づくりや国づくりの

大胆なビジョンが描けていないこと。そのウラ側の問題として、学力を質ではなく、その量やトレーニングなど形式的な授業活動に至るまでこと細かくとらえ、指示しすぎていることにある。より住みやすい社会をつくり、人々と共に幸せになる歴史的・社会的役割としての学力観、学習観が欠落しているのである。だから、あまりにも瑣末なところで、教える内容や総合的な学習の時間を削ったり復活させたり、英語活動をとり入れたりと揺れ続けているのである。

ではどうすればよいのか。結論からいえば、正確な学力観への転換と子ども観の転換をはかることである。つまり、子どもを学びの主体として認識することである。また、活用型（ＰＩＳＡ型）学力獲得まで練習したり、暗記させるのではなくて、そのプロセスの向上をはかることである。換言すれば、子どもだけでなく、大人も含めた学びの質をグローバル化する社会性や持続可能な社会を建設するという歴史的要請にマッチさせることである。もう一歩踏み込むと、「時代を創造する学力」、「世界の歴史の回転軸たる学力」形成へと、その質の大転換をはかることである。

少なくとも、以下４点にわたる転換が求められる。

（1）「生涯学習」に向かう「知識基盤社会」

今日のような、何でも市場主義原理一辺倒に塗りつぶされた「教育改革」路線から勇気を奮って脱することである。「知識基盤社会」（ＯＥＣＤ）が求める学力論の立場に立脚することである。つまり、学校選択制や習熟度別授業の普及など、いずれも規制緩和路線の下での競争原理主義的な教育施策を見直すことである。学力格差を当然視し、競争さえ仕組めば、学校の教師も奮闘し、子どもは競い合って学力が伸びるという考えは甘い。それは、日本が画一的一斉労働で伸びていた高度経済成長下の、60年〜70年代のことであった。

今日では、すべての国民が、いつでも、どこでも学ぶことが可能で、自らの知識・技術水準を引きあげ、賢明な市民になれる、〝生涯学習社会〟を築くことが、目標になるべきだろう。個の自己実現達成のためばかりではなく、今日のＩＴ社会におけるわが国の経済競争力をも鍛え、力強く下支えするはずである。

つまり、「競争社会」よりも、個々人の力を組み合わせた協力・共同できる「協力社会」への構築を目標にしたほうがいい。一国主義的な日本の「伝統文化」の強調よりも、地球規模の「多文化共生」と「サスティナブル（持続可能）」な社会の構想こそ、グローバルな地球時代と称される今日の日本の進むべき方向ではないだろうか。そうなった時に、初めて古い学歴社会を脱出できるだろう。

(2) 点取り競争をやめ、個の成長支援に徹する

フィンランドでは小学6年間、スウェーデンでは、9年生になるまで通知表は発行されない。「競い合うためのテスト」は実施しない。日本では、競争をやめたら、子どもは堕落するのではないかという強迫観念が社会に根強い。

自己の学習体験に基づいた子ども観なのかもしれないが、これまでにも述べたように、競争は一部の勝者のためにはインセンティブ(やる気を起こさせるような刺激)を与えるものの、残念ながらその他多勢の「負け組」を量産し、その子たちからは自信とプライドを奪い、学びへの意欲をそぎ落とす危険がある。どうせ自分はダメな人間、負け組なのだとあきらめさせ、人間不信をひどくさせかねない。子ども全体、教育界全体を見れば、大きな損失といえる。

本来、学習活動においては、他者と比較したりする意味などない。むしろ、自分はどこまで達成できたか、成長できているのかが問題なのである。あくまでも自己目標、自己実

現の度合いこそ本来は学習目的であったのだ。学校から強いられる「勉強」から、自ら学び、よりよく働き、人生を充実させて生きるための、リテラシーの獲得としての「学習」へと転換すべきだろう。そうでない限り、一人ひとりが無限に伸び続ける、主体的で意欲的な学習態度や学力を有した国民の育成は困難だろう。

(3) いかに子どもたちの自己肯定感を高めるのか

著名なアメリカの心理学者マズローの欲求段階説はよく知られるところである。それによると、人間の欲求は①生理的欲求、②安全欲求、③社会的欲求、④自我欲求、⑤自己実現欲求と、低次から高次へと階層的構造になっているという。

いったん、低次の欲求、例えばテストに合格するとか、順位を上げたという欲求が充足されることによって、いかにほめられても、目標が低次であれば、飽きがきたりバーンアウトしたりして、「学びから逃走」する結果に陥る。

百マス計算や「脳トレ」をどれだけこなしても、発展的な力や活用力には飛躍しない。逆に、能力の高い子どもほど条件反射力など低次の力しかつかなくなることも懸念されている。したがって、高いインセンティブとしての「学びがい」が「生きがい」や「働きがい」という高次の欲求へと昇華しない限り、意欲が無限に発展することはあり得ない。そのためにも「子ども参加」をあらゆる領域に拡大・充実させることである。そのことが結局は、子どもたちの自己肯定感を豊かにし、学習意欲の土台を耕やし、学力の向上にとって不可欠のエネルギー源となるのである。

（4）習熟度別授業は中止し、〃なぜ〃を問い合う授業へ

Ⅳ章でも述べた通り、習熟度別授業の固定化はただちに中止し、少人数学級の授業に切り替えるべきであろう。習熟度別授業は、「マイペースで勉強できる安心感」があるので「必要」（83・2％）と感じつつも、「成績が向上した」と振り返る中学2年生は、3・2％しかいない（法政大学尾木ゼミ全国調査結果　前出）点からも学力が伸びないことは明らかである。成績の優れている子も、学力が低い子も、一緒に共通の学習課題に向き合い、〃なぜ〃〃どうして〃の問いを大切にし合い、協力し合って問題に挑戦する中で、教室内のすべての個性や能力が響き合う。また、クリティカル・シンキングの力を鍛え、お互いの学力を向上させていくのである。同時に、人格形成や人間理解力も高まるのである。

2　家族共同体の歴史的復活を

市場経済が進展すればするほど、その歴史的必然として、家族共同体はバラバラに解体させられる宿命にあるようだ。親が、家庭内労働力としてではなく、工場の労働力、あるいは第三次サービス業の従事者として、家族の元を離れて、3交代制など昼夜を分かたぬ厳しい労働に身をさらさざるを得なくなり、家族共同体は破壊されるからである。

このような社会的、歴史的必然性の中で、かつてとは異なる形でいかに家族共同体の教育力、生命力をとり戻すのかが今日の重要な課題である。つまり、かつてのように家族労働による生産様式が形成する原始的自然発生的な家族共同体ではなく、市場経済化で家族が解体させられた中での、新たな質と形式での家族共同体の復活である。このことは、いかに意欲的で高いレベルの生き方が、国民一人ひとりに要求されているかということでもある。

社会全体の学習観を転換させるとともに、家族観や子ども観、生活スタイルの転換も同時進行で模索しなければ、わが子の生きた学力、「ＰＩＳＡ型学力」の形成と向上はおぼつかないことだろう。

そこで次の6点にわたって、家庭で改善すべきポイントを列挙しておこう。市民として、時代を切り抜いて生きるための「ＰＩＳＡ型学力」形成は、単純に授業時間を増やし、いかに百マス計算によるトレーニングをこなしても、できないのが宿命である。

(1) 家族の団欒をとり戻せ

まず、子どもを「受験の王様・女王様」化しないことである。家族の共同生活において、自分の役割を自然に実感できるように、家族の向き合い関係を効果的に工夫することが重要である。買い物や掃除、食事の準備、後片付けなど、一つでも多くの家事をわが子に与え、いわば「こき使う」くらいの構えが必要であろう。また、家族による共同活動や作業の時間を少しでも多く設けることである。それらの作業を通して、子どもたちは、生活の中で家族と知恵を合わせ協働することの大切さ、楽しさを実感し、もっと工夫して家族の生活を組み立てようとする意欲が湧いてくるのである。これらが、〝実生活の中の活用力〟の必要性を実感させることにつながり、伸ばすことは言うまでもない。教育再生会議が提言し、新学習指導要領（２０１１年度実施）が決めたように、授業時間を増やして、対応できる程甘くはないのである。

家族が待っている、求めている、あるいは自分が必要とされているといった素朴な自己有用感が、〝家族のためにがんばるぞ〟といったインセンティブを芽生えさせ支える。そして学習へのモチベーションを高めることにつながることは明らかである。

(2)「なぜ」を大切にした家庭とテレビ文化を築く

いかにネット時代、ユビキタス時代といえども、幼少期の子どもにとっては、テレビは世界観を形成する大切なツールである。

中・高生にとっても、親世代ほどではないものの、テレビは依然として、社会観、価値観形成を助ける大きな役割をになっている。

そこで、かつて「居間の王様」とか「茶の間の怪物」と呼ばれたテレビを、今日的意味付けをしてもう一度〝居間の王様〟に復活させてはどうか。家族で一緒になって、ニュースやバラエティ番組を観るのである。親子で「なぜ・どうして?」と声を発しながら、批判的思考力を動員し、論評し合い楽しむのである。アメリカの大統領選のニュースに関しても、評価や期待、日本への影響の見方などはそれぞれに異なるはず。歴史軸や人種などの社会軸、質や量の座標を設定してとらえ、分析する。このように「生きたニュース」やバラエティ番組に家族みんなで接することによって、そこで扱われている社会問題や認識が鮮明になっていくのである。むろんメディアリテラシーについても習得できていると、なおさらシャープになることは言を待たない。テレビを通した社会分析、歴史認識の形成であり、思考方法、人間認識力の育成でもある。

(3) ネット家族に——パソコンは居間に

２００７年12月には、ケータイの出荷台数は1億台を超え、日本では文字通り「一人一台」時代に突入した。パソコン所持率は一気に広がったのである。

そこで、テレビと同時に、個人所有のパソコンはそれとして自室に置き、居間にも一台は必ずパソコンを設置する。すると、テレビのニュースで少しわかりづらい時事用語や未知の国名が出れば、すぐにネットで検索できる。子どもが調べた情報を家族みんなで共有し、議論を広げていける。

ネット時代にふさわしい情報リテラシー、情報活用力が家族ぐるみで身につくことは間違いない。情報リテラシーを身につけさせるためにも、居間にパソコンを設置して、常にネットを〝使いこなせる〟家庭生活をつくることが重要だろう。

フィルタリングなど〝防御〟の姿勢をとるだけでは、時代を看破し、築く力はつかないだろう。わが家流の〝ネット家族像〟をつくることである。

(4) 読書の力

フィンランドの高学力の背景の一つに、読書好きな国民性が潜んでいることを指摘する声は多い。確かに、日本のコンビニとまではいかないが、フィンランドでは、駅の出口など、あちこちに図書館の分室が設けられており、国民一人当たりの年間貸し出し冊数は、日本の約5倍の21冊に及んでいる。小学校1年生から図書館の利用法を教える。学び方の学習である。また、スウェーデンの自主学習スタイルである「サークル活動」における学力向上の武器は、学校による強制としての「勉強」というよりは読書であった。このことからもわかるように、むしろ学校の強制的「勉強」から解放され、批判的思考力を育成するためにこそ読書は欠くことができない。学校における教育実践のように、それが〝読書運動〟化されると、じっくり、クリティカル・シンキングをするよりも、「読解勉強や感想文を書くための読書」や「目標冊数達成のための作業」になってしまう。

家庭で、父親や母親が日常の風景として読書にいそしむ姿を見せることが一番大切である。また、小学校中学年くらいまでは、大いに読み聞かせをしてやりたいものである。だれにも束縛されず、自分ひとりで知的興味の世界を漂い、さらに考えるために本を選ぶ興奮を味わうことは、必然的に学習への動機付けにも役立つ。学力の土台を鍛えるからである。また、居間に地球儀を置くなど、常に世界と結びつき、開かれた家庭の活字文化を築きたいものである。

(5) 家庭における基本的生活習慣の確立

私は形式的な「あいさつ運動」や「早寝・早起き・朝ごはん運動」には疑問を抱いている。しかし、それぞれがいかに重要であるかについても、だれよりも認識しているつもりである。「運動」化されると、その意味あいや創造性がそぎ落とされて、数値目標やシール貼りなど形式的な点検活動が一人ひとりの生活と心を支配するようになり、本来的な効果が薄れる心配があるからだ。Ⅱ章で述べたように、競争すると学力が低下する構造と同じ理屈である。

極端にいえば、1日2食でも構わない、「わが家」の生活リズムを確立することを〝意識〟することのほうが肝要であろう。朝ごはんも、ただ食べればいいのではあるまい。どんな食卓風景なのか、家族と1日の予定を交換し、励まし合っているのか、早起きしても、その後、何をしているかが問われているのだ。だれかに支配されるだけの運動には巻き込まれないように気をつけたい。そうしないと、主体的で創造的な活動である学力向上にはつながらないからである。

(6) 人生のための「学び」へ、学習観の転換を

「現実的な問題として、例えば、将来医者になりたくて医学部に入ろうとするなら、かなり受験学力も身につけなければならないと思います。このあたりをどう考えるべきでしょうか」

このような相談を受けることも多い。これをどうとらえるべきか。

第一に気をつけなければならないのは、現状肯定から考え始めては、危険で失敗する可能性が高いということ。早期教育や過度の塾通いなど、〝現状追認〟に陥っては、それこそ本書で批判してきた「中教審」のように、何でも受け入れてパンクするのが落ちである。「ゆとり教育の理念」も「詰め込み教育」も「道徳教育」もと八方美人を演じて、結

局は何の力もつかず、学力低下を加速させるだけになる。

現状の知識詰め込み型の受験学力は、どう考えても時代遅れで、このＩＴを中心としたグローバルな「知識基盤社会」では求められていない。そこからいつまでたっても脱却できないで、さらに後退しようとしている日本の現状のほうが異様な学力観にとらわれているとさえいえる。世界の流れに完全に逆行しているといわざるを得ない。

遅れた現実に合わせて、受験に成功して医学部に進んだとしても、必ずしも成功とはいえまい。なぜなら、今や多くの医・歯学部では、四年を終えて専門課程に進む段階で、問診などの適性検査があり、いかにペーパー上は優れていても、対人スキルに難点があれば進級できないからである。転部を薦める大学もある。こうして最終段階でつまずくことになる。そう考えると、転ばぬ先の杖よろしく、親がわが子の進路をリードし、受験勉強ばかりさせることがいいことなのか、大きな疑問といわざるを得ない。いわゆる「ガリ勉」をして合格できたとしても、その後の「出口」と、今日の社会はそれほど甘くはないのである。

その意味では、第二の問題として、何のために、どんな目的を持ってどのように自己実現したいのか、しっかりとしたキャリアデザインを描けているかどうかが問われているのである。

自らの生き方のデザインさえしっかりしていれば、本人が現状に飲み込まれないで、受験勉強により獲得する学力の時代錯誤性を理解しつつも、それを相対化して取り組むに違いない。そして、難関を突破する可能性も高い。そういう精神的な自立心の強い、生きる芯のしっかりした子どもに育てることこそ親の役割ではないのか。精神的自立力さえたくましくあれば、例え医学部が難しくとも、それによって求め、自己実現しようとしていたものを、他の職業に就いてでも実現しようとするのではないか。

大学の名声を求めるのではなく、自分の人生を拓き、生涯にわたって自己実現しながら生きようとする人材を育成することは親の責務であろう。

第三には、人生とは生涯が学習であることを理解しておいたほうがよいのではないかということである。つまり、18歳の段階で、どの大学に入ったかによって将来が決まるようでは、一人ひとりの人材を生かしきれておらず、日本は沈没する。高卒後、5、6年働いてから大学で学ぶのもありだ。ブランド力をつけるための学びではなくて、自分の〝人生のための学び〟にしたいものである。

また、第四には、親自身も、このような時代遅れの詰め込み学力観、学習観から脱却することが必要だろう。このような古い学力観を貫こうとしている政府の政策に対して、それこそ批判的思考力を駆使して、ゆるぎない主権者としての自立的行動をとる親の後ろ姿から、わが子は学んでくれるに違いない。

以上、学びの質の転換と家庭における生活改善や学力観、学習観の転換による、「学力向上」への道のりを考えてみた。これらは、本書の中の第Ⅰ章から第Ⅳ章の総整理編としての提言でもある。

過去への一直線の回帰ではなく、今こそ、国民的英知を集めて、生きた学力が日本の子どもたちと未来への投資として生きる時代を創るために、私たち大人こそ奮闘したいものである。

あとがき――国づくりと生き方のビジョンを掲げよう

Ⅰ章のＰＩＳＡ調査（ＯＥＣＤ）の結果分析や、Ⅱ章の「全国一斉学力テスト」が引き起こす新たな学力崩壊の危険について、詳細に論じてきた。それらをⅢ章で、学力世界一と称される、フィンランドの教育と対比させると、わが国の教育制度と政策がいかに世界の流れからかけ離れているかが鮮明になった。むしろ、逆流しているとさえいえる。これでは、学力アップは確実に望めない。そればかりか、人生を切り拓き社会参加できるようになる「脳力《のうりき》」や「ＰＩＳＡ型学力」、つまり、文科省流に表現すれば「活用力」は、これまた確実に低下せざるを得ないことも明らかになった。

なぜそうなのか。Ⅳ章では、今日の日本で論じられている学力論が陥りがちな諸問題について、ポイントを絞って取り上げた。その中で、はっきりしてきた問題点の底流には、共通して潜むものが三つある。

その一つは、学力観の貧しさである。依然として、認知主義的な受験学力観と出世のための手段としての学習観を払拭できていない。したがって、メディアは「活用力」を平気で「応用力」と表記したりする。新しい概念を吸収できないこと自体、日本の知力、全体知の劣化であり、憂うべき事態といわざるを得ない。機械的トレーニング主義の一つである「百マス計算」に取りつかれたり、「科学的」な「脳トレ」に魅了されたり、テレビの学習バラエティー番組が流行する原因がそこにあるのではないか。同時に、これからの時代に子どもたちに身につけさせたい学力のイメージも湧かないようである。旧来の「基礎・基本」の力と「PISA型学力」の「活用力」を併記することしかできないのである。両者の関係性も、〝「基礎・基本」から「活用力」へ発展する〟などと機械的な段階論に陥ってとらえている。トレーニングの量や教える内容と時間増しか頭にないようである。

二つめは、ダイナミックな学力観が創造できない背景には、大人の子ども観の貧しさが横たわっていることである。子どもたちを「学びのパートナー」「時代を創る仲間」として位置付けることができないために、どうしても上から「教え込む」「鍛える」発想ばかりが前面に出てくるようだ。だからこそ、成果を測りやすい知識や技能の暗記力や復元スピードばかり問いたくなるのであろう。

三つめは、日本社会をどのように創っていくのか、国づくりのグランドデザインが極めて脆弱なことである。だからこそ、あるべき子どもと大人の関係性を打ち出せず、子どもバッシングやゼロ・トレランスで押さえこみたくなるのである。子どもとの関係性や学力論など、構造の組み替えまでには考えが及ばないのだろうか。

このように考えてくると、今日の学力低下問題は、まさに、日本社会の「劣化現象」であり、まったく「子ども自身の問題」などではないことがわかる。

V章では、これらについて事態をどう打開すべきか、その考え方と家庭での具体的方法をまとめた。

本書が、子どもの学力向上の一助になるだけでなく、日本が、自信とモラルを回復し、活力あふれる協力社会になるために、少しでも役立てば望外の喜びである。

それにしても、青灯社の辻一三氏には、企画段階から長期にわたってお世話になった。また、わが臨床教育研究所「虹」のスタッフには、仕事が集中する中、献身的なサポートをいただいた。記して感謝申し上げたい。

２００８年２月

尾木直樹

尾木直樹（おぎ・なおき）現在、教育評論家、臨床教育研究所「虹」所長、法政大学キャリアデザイン学部教授、早稲田大学大学院客員教授。滋賀県に生まれる。早稲田大学教育学部卒業後、海城高校、東京都公立中学校教師を経る。著書『ウェブ汚染社会』（講談社＋α新書）『思春期の危機をどう見るか』『子どもの危機をどう見るか』（以上、岩波新書）『新・学歴社会がはじまる』（青灯社）『教師格差』（角川ｏｎｅテーマ21）『うちの子の将来と「学力」』（新日本出版社）ほか

日本人はどこまでバカになるのか
――「PISA型学力」低下

2008年4月5日　第1刷発行

著者　尾木直樹
発行者　辻一三
発行所　株式会社青灯社
東京都新宿区新宿1－4－13
郵便番号160-0022
電話03-5368-6923（編集）
　　03-5368-6550（販売）
URL http://www.seitosha-p.co.jp
振替　00120-8-260856

印刷・製本　株式会社シナノ

ISBN978-4-86228-021-3 C1037

小社ロゴは、田中恭吉「ろうそく」（和歌山県立近代美術館所蔵）をもとに、菊地信義氏が作成